こころのちから

女と男じゃなくて私とあなたで話そう

岩井美代子
ふじわらかずえ

昔 子どもだった頃
好きな男の子のタイプといえば
①頭がイイ
②スポーツができてカッコイイ
③おもしろくて目立ってる
だった。
だって好きな男《ヒト》の話だったらなんだってオモシロイじゃーん♥
べつに特別ギャグとか言わなくっても他にもっと大切なコトがいっぱい〜ねっ??
何ぬかしとんねん…
大人になった今、③はまちがいなく却下だよね
うんうんモチモチ♥
ええ?! マジ?
関西の女&男にとっては信じられないショーゲキの事実(?)ですな。
うんうん
私はロシアですが…
余談ですが東京の女性にとって「おもしろい」というのは男を選ぶさいどーでもいいそーです。
なんですと?!
↑関西出身
ま、それはさておき大人の女としては
①経済力《お金》がある
②やさしい・誠実
③カッコイイ
と、より現実的になるのであった。
お笑い金に負けたり…

やっぱ「男はお金」よ!!
ドン
あっ
「そんなことナイ」とか
「1番がお金?」
なんて言ってるアナタ、
ホント?
愛さえあれば…♥なんて
彼が突然プーに
なったとしても
ホントに平気?
ビシッ
…
ではなく
(プー)
そう
そう
だいたい自分の
仕事(収入)ひとつ
ままならないなんて、
他のすべても
中途ハンパって
事じゃナイの?
ある意味お金は
男の値うちの
バロメーターなのよ!!
なんか
わからない
けど
すごくあってる気が
するわー
パチ
パチ
…
お金は
大事だね〜
♪ルールル♪
ルールル♪
うっとり…
…と、まー女の言い分が
あるならば、
男としては
どーなんでしょうか?
こんどは男
子どもの頃の
好きな女の子のタイプ
といえば
①かわいい子
②明るい子
③やさしい子
でした。
よいこ

そして大人の今は？
①若くてかわいい。
おわり。キッパリ
若ければ若いほどイイ
やっぱなー
何ソレ？
と思う女の皆様
お気付きでしょーか？
ほとんどが
その人の「本質」
ではなく
「ふんいき」ばかり
求められて
いることに。
かわいいしかり
明るいしかり
カッコイイもしかり
あら私はそのとおりだし…♡
しかし
「かわいい女が好き♡」
などと言う男なんて
なにさ!!
バカよねー？
と思いつつも、
今日も
少しでも
「キレイ」で「かわいく」
なるために
せっせと
がんばってみたり
パンパン
ぬりぬり
ぬりぬり
ちょっと太ったら
「やせなきゃ!!」
ムダ毛も
「ぬかなきゃ!!」
そるのもアリよー
え～やっぱエステよー♡
女として爪先まで気はぬけないわ～
そう、なんとなく
「キレイでなきゃ」
「デキル女
カワイイ女 でなきゃ」
女として
ダメなんじゃないの？
負けなんじゃないの？
って「女」のアナタ自身が
思ってませんか？
イケてなきゃ～
細くなきゃ～
それがじつは
「女ならこうじゃなきゃ！」
という
「思いこみ」。
思
「男」に対しても
男だったら
女より力が強くて
頼りになって
包容力があって
お金も
あって
そういうもんじゃナイの？
って思ってる。
うんうん
PCにも強くて～♡
それもじつは
「男なら
こうじゃないの？」
という
「思いこみ」。
思いこ

気づいてみれば
女と男、
相手に対しても
そして自分自身に対しても
たくさんの
「思いこみ」が
あったのです。
「思いこみ」があるから
「女のくせに」
とか
「男のくせに」
なんて
セリフが
飛び出すのです。
えー 女らしくないかな～?
男なのになんで?
大切なのは
「女らしい」
ことでも
「男らしい」
ことでも
ない。
「自分らしい」
ってこと。
そりゃー
やっぱり
女として生まれた
からには
キレイって言われたいし
モテたい♡
成功するって
ステキだし
なんといっても
幸せ♡に
なりたい!!
持ち家
BMW
ただ、もしも
そうじゃなかったと
しても
「ダメ」なんじゃない。
「こうでなきゃダメ?」
なんて事は
ひとつもナイのです。
コク
コク♡
そして
「自分らしさ」を
大切にするなら
彼の「彼らしさ」も
同じように
大切。
アナタの彼が
もしも
思ったより
頼りなかったり
ええ?
マジで?
とおどろくことが
あったとしても
それが
彼の「らしさ」かも。
変わら
なきゃダメ!
なんてことは
もちろん
ないのです。

人は ひとりひとり
ちがうんだから
「その人らしさ」も
それぞれのもの。
そんな「自分らしい」ふたりなら
つき合い方だって
それぞれに ちがう オリジナル♪
星の数ホド あるかも？。

好きだから
離れたくないから
大切にしたい ふたりの「つき合い」。
アナタと彼の
「ふたりらしい つき合い方」って
どんなのでしょう?
一緒に 探してみませんか?

「まったく、なんでわからないの?」

「あいつ、いったい何考えてるんだよ!」

今日も、相手のきもちがわからなくて、
いらだっているふたりの声が聞こえてきます。

でも、こころはすれちがっていても、ここだけは一緒。

(同時に)『まったく男(女)ってわからない!!』

でも、わかりあえないのは、
ホントにただ「女だから」「男だから」なのでしょうか。

……どうやらそれだけではないみたいです。

じゃあ、ふたりをケンカさせている、
本当の原因はなんなの?

それこそが女と男の最大の強敵、「思い込み」なのですよ。

「男ってこうじゃないの?」「女ってこうじゃないの?」

みんなが何気なく思っていることが、

実はもっと近付きたいこころ同士を
遠ざけている張本人なんです。
でも、そんなのにとらわれて、
本当のあなた、本当の彼のこころが近付けなくなるなんて、
本当にいやになっちゃうでしょう？
どれほど、思い込みのせいで複雑になってしまった糸だって、
「わかりたい！」きもちさえあればきっと解けます。
大切なのは、そのきもち。
ここからは、まったく性格や考え方のちがう
3人の女の子が、あなたの仲間です。
あなたと同様に、彼女たちも毎日すったもんだしています。
まずは相談にのってあげて下さい。
そして一緒に悩んで、
絡まったこころをほどいていきましょう！

登場人物紹介

うさ子

◆受け身的対応型◆自分の意見より、周囲の考えや状況に合わせて、自分の行動を決定しがち。怒りや疑問を感じても「しょうがない」とあきらめて、本当の自分のこころは外に出さず、奥底にしまってしまうことが多い。はっきりノーが言えず、またノーを言うと「相手を傷つけてしまう」と考える。

◆イメージワード◆「私はそれでいいわ。みんながそうしたいなら……」

◆性格◆自己主張が苦手で優柔不断な性格のため、キャラの濃い同僚たちの中で「可憐な花一輪」的扱いを受けているが、実はその分「か弱い私を守るにふさわしい！」強力な王子様願望を所持。その理想の高さは、あらゆる男の落ち度を許さない……。人間関係でたまったウサはF1 レーサー級のドライビングテクニックではらす。友情にはあつい(断れないだけか？)。

ミミチョリカ

ふと迷ったとき、あなたのこころの耳に「それでいいの？」とささやきかけてくるナゾの妖精。どうやら男女の機微に悩む、娘さんたちにしか見えないようだ。長老？と思うほど「こころ」問題については大きく頼りになるが、からだは小さい、耳サイズのファンタジーな存在。ずばり解決策を伝授するのではなく、あくまでも「自主自立」を重んじるのであった（そういう点でも長老か？）。お里はロシア（ホワイ？）。

あなたは、だれに共感しますか？

しか子

◆攻撃的対応型◆何事にも熱心で自分から行動を起こす力があるが、逆に自分の意見が通らないときや協力体制が得られないときは、それが怒りの対象となる。物事を勝ち負けで判断する傾向があり、自分への批判に過剰に反応して、かえって相手を攻撃し過ぎてしまい、自己嫌悪に陥ることも。

◆イメージワード◆「私はがんばっているのに、みんなはわかってくれない！」

◆性格◆明るい熱血漢で、人づき合いも体当たりでぶつかっていく「頭より体で覚える」タイプ。恋も仕事もがんばるぞ～！と意欲を燃やすが、現段階はストレートで押す一方なので、今後は相手によって投げわける変化球も多少は覚えたいところ。現在恋の 1000 本ノック中で、ラブは悲喜こもごも。先輩のキャリアウーマン・へび子はしか子のあこがれの存在。

ツネ子

◆作為的対応型◆「自己イメージ」を一番に考えるため、他人の目を意識した行動を選択しがち。直接的な反応より、間接的な手段によって自分の感情を表現する傾向がある（いやみ、罪悪感を与えるなど）。理由をつけて相手と正面から向き合わず、「かっこわるい」と感じることを徹底的に避ける。

◆イメージワード◆「私はどうでもいいけど？　みんなはどう思うかしらね」

◆性格◆会社関係、男関係、ところ変われば手も変わる。磨かれた人心掌握術ですべての人づき合いをこなす「こころ千手観音」（?）。だが、うまくやったつもりが逆に傷ついたり、自分を混乱させてしまったりする。おしゃれリーダーで、服も男もブランド好き（ムフ）。最近、結婚相手向きな新しいカレ（！）・ネコ太ができた。「自分磨き」にも熱が入る今日この頃。

contents

女と男じゃなくて私とあなたで話そう

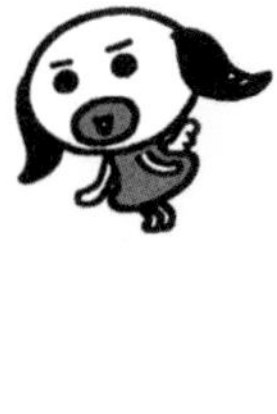

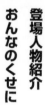

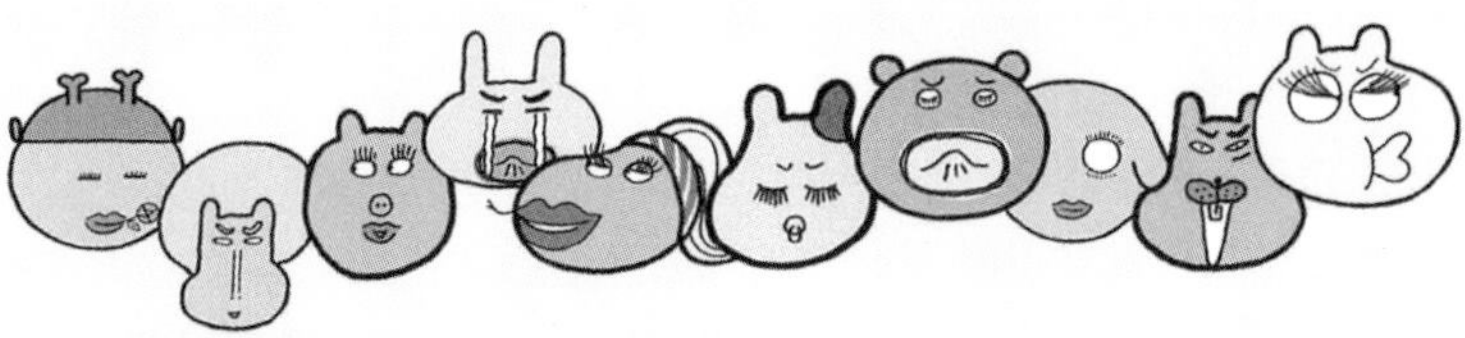

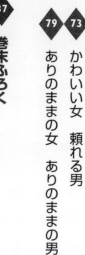

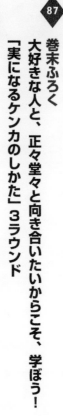

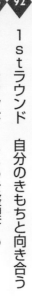

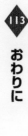

おんなのくせに おとこのくせに

さあ！ここからは、あなたのまわりにもきっとある
「おんなとおとこのすったもんだ」がぞくぞく登場してきます。
みんな、何か納得いかないようす。でも、何でなんだろう……。
ぜひ一緒に考えてみて下さい。
考えているうちに、
思いがけない「そうだったのか！」のひらめきが、
あなたにも起こっちゃうかもしれませんよ！？

おんなのくせに
おとこのくせに 1

女の役割 男の役割

**女と男、彼女と彼、妻と夫、母親と父親……
私たちふたりを表す肩書きがずらっとならびます。
でも、その先頭にあるのはいつでもシンプルに
「わたしとあなた」で、ありたいと思いませんか？**

病気でも、食事作りは女の仕事？ それってあたりまえ？

何がツライって
カキにあたるほど
ツライことはありません。
ヒー……
WC
上から
下から
もう
スゴイことに…
やっと彼氏が
帰宅して
おかゆでも
つくってくれると
思いきや
オイオイッ
大丈夫か!?
オレの晩ゴハンは
おそくなっても
えーからな。
ゆっくり
しーや。
ハ？
何？
うん
うん
よっこいしょっ
ガサガサ
一見
やさしい言葉の
ようで理解不能
カンタンな
もんで
えーから♥
大事に
しとき。
なっなんでしんどいのに
アンタ(男)のゴハンを
つくらないと いけないのか？
見て わからんか？
寝てんのよ？
わっ別れて
やるぅぅぅ
こんな男(ヤツ)……
ヨロ
ヨロ
ぐつ
ぐつ

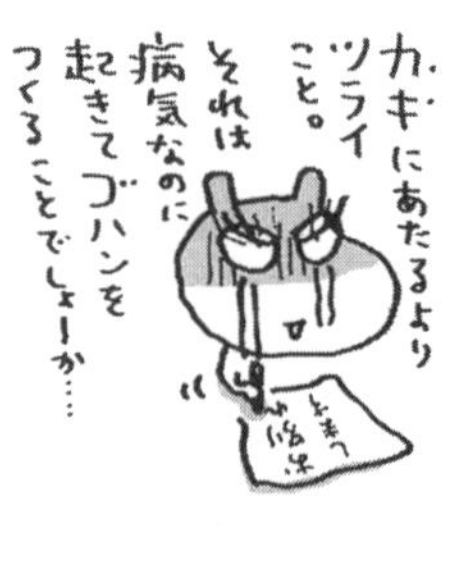
カキにあたるより
ツライ
こと。
それは
病気なのに
起きてゴハンを
つくることでしょーか……

『彼』の女ってこうじゃないの？

いや、だから休んでからで
いいって言ってるじゃない？
それに、もともと
家の中のことは
女の仕事じゃないの？
それに、中途半端に
男が手出すのって
いやがる女の人だって
いるからさあ〜。
オレの母親だって、
そうしてたよ？

しか子's eye

別れて大正解だよ！　一見やさしいようなことを言っている気がするけど、すごく女性を差別してると思う。乱暴なこと言ったり雑に扱ったりする男より、それに気付きにくいだけ、たちが悪いかも。彼女は、お母さん代わりじゃないんだからね！

うさ子's eye

確かにヘタに手を出されるとなおさら面倒になるっていう感覚はあるわよね。うちの母親もそうしてたし、カンタンでいいなら作っちゃった方がケンカするより早いんじゃないかなと思うんだけど。あっ！　ゴメン、私料理得意だから……（みんなにぼこぼこにされる）。

プレヒント

今あなたにとって、もっとも重んじるべきことは何か？　それはあなたにしかわかりません。だからこそ「声に出して」伝えることが重要です。わかっているようでいて相手には伝わっていないかもしれないし、あなたの考えを大事にするためにも、主張しましょう。横断歩道を渡りたいなら、ボタンは押さなくてはいけません。他に進みたい車がいてもね。それと同じ。

I

役割を見直す

「役割」って確かにとても大事です。役割は社会的な顔のようなもの。私ひとりにもたくさんの顔があって、時と場所によってさまざまな顔を使い分けています。「女だから」「娘だから」「恋人だから」「社会人だから」……みんな役割に基づいて、今自分がするべきことは何かを決めているので、逆にもし「役割」が何もなかったら、今、何をしたらよいか、わからないことさえあります。それほど役割は大切で、社会生活の基盤でもあるのです。

けれども、役割ばかりに気を取られていると、ついつい自分の本当の望みや願いが後回しになってしまいがちです。「今はいいか。またいつか」と、どんどん後回しにするうちに、本当の願いや望みを忘れてしまったり、ついにはあったことさえ気付かなくなったりするかもしれません。また「役割が優先」と思い込んでいると、時として個人的な望みを持つことさえ、いけないことのように感じます。でも、もし、あなたが「こんなことは高望み」「これってわがまま」と感じることが多いなら、「自分は役割に縛られすぎていないかな？」と考えてみましょう。

私たちの中には、今はまだ表現できないでいる要求や願いがたくさん蓄えられています。可能性も無限です。現在ある役割だけで、満足と思えないこともあるでしょう。「これはちがう。私はもっと……したい！」そんな新しい何かがわき上って動き始めたくなる、そんなかんじをキャッチしたら、ぜひ大切にして。ゆっくりと「私はどうしたいのかな」と自分に聞いてみて下さい。また、この願いは誰にとっても大切なもの。もちろんあなたにも、あなたの相手にとっても、です。もし、相手がこれまでとちがう何かを感じていたら、カンタンに切り捨てたりせず、まずは一旦一緒に受けとめてみることから始めてみませんか？

おんなのくせに
おとこのくせに 2

女らしいって どういうこと?
男らしいって どういうこと?

「できる女」「できる男」……みんなの
憧れの存在です。でも、場合によっては
「できない私」の方が都合がいいんだよね。
……なんて、ちょっとヘンだなって思いませんか？

男以上に運転のうまい女って、かわいくないの？

とっても女らしくて
可愛いすぎるくらい
カワイイ、
そして若い
私ですが♥
キャ♥
ハ？
じつは
運転技術は
プロレーサー並み♥
縦列駐車
だって何だって
モチ
「屁のカッパ」♥
若者？
バビューン
だからこの前彼が
あまりにも
モタモタ
してたので
プップー
思わず
運転
かわったら、
それ以来なんか
フキゲンな彼……
あ？
バン
むっつり
スタスタ

ちょっと
でしゃばりすぎた？
「カワイイ女」
としては
このウデ封印
すべき？

『彼』の女ってこうじゃないの?

ハッキリいって、
男として立つ瀬なかったよ〜!
運転とかって、
男の見せ場じゃないか!
もたもたしちゃうだけだって
かっこわるいのに、
彼女の方がうまいなんて。
「あなたってダメなのね」って
言われたような気がした。
もうちょっと、
気を使ってくれても
いいんじゃないの!?

ツネ子's eye

運転できるだけマシだよ? この前の男なんか、免許も持ってなかったんだから! ありえないでしょ。だからつき合わなかったけどね、当然。男より運転がうまい女って、まあ、かわいくは見えないかもね。相手変える? レーサー合コン行く?

しか子's eye

何それ!できない男が悪いんじゃんねえ〜。男なら練習しろ、車庫入れ!うさ子の腕は貴重だから、今後も送り迎え頼むねえ〜〜(なでなで)。すぱっと車入れられたりするのは、男の「見せ所」なんだから。いいとこ見せたいなら、もっと努力すれば?

プレヒント

得意な何かを「武器」として、何気なく競争の道具に使ってしまうことはありませんか? 逆に「じまんだと思われたり、相手のプライドを傷つけたりするんじゃないかな?」と、変に隠してしまうことはありませんか? でも、本当はあなたの「すごさ」を駆け引きの道具みたいに扱うことこそ、一番気にすべきことなのではないでしょうか。

2

ちからを発揮する

「何かができる」ということ自体はとてもステキなことのはずなのに、その能力は時と場合によって、逆に「うとまれる」場合があります。覚えはありませんか？

例えば、女はよく「相手にコンプレックスを感じさせてはいけない。プライドを傷つけないように……」と、加減しながら行動することを求められたりします。社会の中でも誰かの「セカンド」的役割を務め、能力の高さに関係なく、形は男を立てる……。社会ではそれを「謙虚さ」と呼んで評価しますが、これは実際には「あまり積極的な行動をせず、むしろ自分を低く見せて争わないほうが、女は幸せになれる」というような、男女双方にある思い込みから来ているのかもしれません。こうしたことが続くと、今度はどんな時でも、素直な行動や態度が表現できなくなる可能性があります。

そしてこの裏返しのように、今度は私的な領域や「女の仕事」と言われる分野で男が活躍すると、きちんとした評価が得られないこともあります。編み物、手芸、料理、買い物、子供の世話などを、プロや職人としてではなく、趣味や日常生活の場面で器用にこなす男を、軽くあしらう風潮があるようです。「そんなことより男にはもっと大事な表の仕事があるだろう！」と言われ、リーダーシップを取り、お金になる大きな仕事の方を奨励されるのです。

でも、すべての才能はその人らしさがあってこそ、身についた能力のはず。きもちのよい、さっぱりとした関係は、お互いの能力を素直に認めることから始まるのです。形なんかに因らないで、素直にお互いの能力を認め合い、敬意を表してつき合いましょう。そうしたら、千差万別のステキなカップルがきっとたくさん生まれるはずですよね！

おんなのくせに
おとこのくせに　3

女の涙
男の涙

一緒に泣いたり笑ったり……。
いろいろな感情を共有できるのは、大好きな相手と、ならでは。
自由だからこそのきれいな笑顔や涙なのに、ヘンな制限で
きもちを縛ろうとする人がいます。あなたはどうですか？

男が、度を越えて涙もろいって、どう思いますか？

男ってこうじゃないの？

そもそも、
男らしい人って泣かないもの
なんじゃないの？
しかも、人前で？
別にね、泣いちゃいけないとは
言ってないけど
あんまりかっこよくなくない？
泣いているところなんか、
見ちゃったら
やっぱり弱い人なのかな、って
思っちゃうんだけど。

しか子's eye

男が人前で泣くなんて、弱すぎ！　悲しくてもがまんするのが、男でしょ。何があってもそうカンタンには動じない。それが男だよ～（目がキラキラ）！　私はね、そういう男が好き（聞いてません）。

ツネ子's eye

まあさ、「感性豊か」って言えば聞こえはいいけど、私はつき合いたくないわよね。だって、みんなの前で、すぐ泣いたり動揺したりする男なんて、みっともないでしょう？

プレヒント

泣きたいときに泣けない。怖いのに、怖いっていえない。もしあなたがそんな状況に置かれたらどう感じますか？「冗談じゃない！頭おかしくなっちゃうじゃない！」って思いません？……彼も、そうなんですけど。そういう彼が好みでない、というなら仕方ないかもしれません。でも、彼があなたに素直な感情を表してくれるってことは、本当はすごく、うれしいことだと思いませんか？

ケンカ中に泣いてしまって、「ズルイ!」って言われたことありませんか?

女なら!!
だって♪ 涙が出ちゃう 女の子だもん…
ってあるよね?
もちろん
No.1
彼とケンカ中 何回言っても わかって もらえなくて だんだん 頭にきて
つい 泣いちゃったら、
なんで泣くねん
女はズルイよな!!
泣けばいいと思ってんちゃう?
って言われた!!
そんなつもりで泣いたんじゃナイもん!!
そーよ これからは強い女よ~♥
くっくやしい~ もっと強い女になりたいっス~

『彼』の女ってこうじゃないの？

だいたいなー、
感情的にならないで、
ちゃんと話し合おう、
とか言い出したのは自分やで？
女ってすぐ泣くから
イヤなんよ。
泣けばゆるしてもらえると
思ってるから、泣くんちゃうの？
男なら何言っても
許されない状況でも
女が泣いたら、許しちゃうって
ことも実際あるしな～。
やっぱズルイやん！

ツネ子's eye

何言ってんの？「涙は女の武器」なんだからさ～。もっと有効に使えばいいじゃん。さりげなくかわいく泣いて、彼に「悪かったなあ」って思わせなきゃ！　涙をうまく使って何が悪いのよ！

うさ子's eye

……(もらい泣き)。わかるよ！

　女って思わず涙が出ちゃうものよね…（涙)。きれいなこころだからこそ、涙がでるのよ。何が悪いのよ。女を泣かせる男なんて、本当に最低！

プレヒント

ケンカして思わず流れてしまう涙……。彼が非難するからといって、これは「抑えなくてはいけない感情」になってしまうのでしょうか？もしあなたが作戦で涙を流すなら、そんな風に、あなたの大事な感情を粗末にしてはもったいない、と思いませんか。また、彼は、何であなたの涙をそんなに嫌がるのでしょうか。もしかしたら、彼も、もっと泣きたいのかもしれません。そう感じたことはありませんか？

3

きもちを表す

男が肝心な時におどおどしたり、泣いたりすると、なぜかがっかりされてしまいます。「いざという時、役に立たないなんて！」と怒られるし、自分自身「かっこわるい」と恥ずかしく思ったりすることが多いかもしれません。でも、男だって怖い時は怖い、泣きたい時は泣きたいのです。男だからって「怖がるな」「泣くな」というのは、人としてあたりまえのことをしてはいけないと言っているようなもの。がまんして大丈夫な人なんていないのです。ムリしても、いつか爆発してしまうし、あるいは、泣くまいとすることに一生懸命になるあまり、持っているやさしさや賢い判断力を、使えないことさえあるのですから。

がまんするより、感じたその時、素直に震えたり泣いたりしたほうが、次に対処する力がわいてきます。あなたも、さめざめと泣いた後、けろりと元気になった体験があるでしょう？　さあ、泣いてすっきりしましょう。

感情は自然に起こるもの。とっさの瞬間に感じることを止めることはできません。どう感じるかも個性です。そもそも感じ方に「いい、悪い」はなく、非難される必要もありません。感情を表現することは自然なこと。その人らしさの表れなのですから。

また、何かを感じている相手を見たときに、自分の中に起こるきもちは自分のもの。相手のせいで起こるのではありません。どんなきもちも、それが起こったことはまず認めて。それだけで、ずっとまっすぐきもちを受け取ることができるはず。また、相手に「私は……と感じた」と伝えることは、感情的に怒ったり泣いたり、相手を責めたりするのとは別のことです。感じることも表現することもあなたの自由。それは、自分の責任においての自由であること、相手にもその自由があることを忘れないで下さいね。

おんなのくせに
おとこのくせに　4

女のくせに男のくせに

お金と時間、どっちが大事？　動物は好き、キライ？
旅行と新車、どっちが優先？　ふとん派、ベッド派？
人の数だけ価値観はある。それがあたりまえ。
でも、みんな、本当にそう思っていますか？

男がお金に細かいって、「なんだかいや」と思いますか？

コンビニでコーヒー買おうとしたら彼が
あっこの前借した100円返して？
して
にょっきり
と言った。
ひえーセコーイ
セコスギ〜
100円やてー
いちいち覚てるのもビックリピョーーン
と、心で即思ったけど
にっこり笑って返しましたが♥
あらそーだった？
ハイ100円
それかその100円でガム買って？
ずいっ
GUM
ガムは108円じゃっ
…なんか男のくせにお金に細かいって
小物ってカンジ？
出世しなさそう？
えーやだー

ピーーッ
もし小さかったりしてね？
大丈夫？
見た？
もしもし？
娘さんたち？

男ってこうじゃないの？

別にお金使い荒いのが
いいとは言わないけどね？
でも、細かいことは気にしない！
っていうのが男らしくて
ステキ♥と私は思うな。
私が「あ、これいいな」とかいうと
「そうか」とかいって、
パッと買ってくれたりとかして
（妄想）。
しかも、
彼おごってもくれないんだよー！
それって「男の甲斐性」とか、
そういうやつじゃないの？？

しか子's eye

つまりケチ？　男のケチっていやだよね。なんかこころまでケチケチしてそうなんだもん。もしくは本当に貧乏？　でもいいじゃん。アンタおこづかいちょう付けてるくらいマメなんだから、一緒に「超節約生活」すれば。で、将来本出せば。

ツネ子's eye

ダメでしょう。出世しないよ、私の経験的に見て確実。もちろん、状況に応じて、私も「つくす」女やる時もあるよ！？　でもそれは、「将来出世する男の若年下積み時代」限定だから。「今ぼくがあるのは、彼女のおかげです」とか言われちゃってさームフフ（妄想）。

プレヒント

お金とか生活習慣とかに関わる、その人にしかわからない「独自のセンス」。それが「価値観」です。いくら親しくても、それは立ち入るべきことではないし、もちろん批難していいものでもありません。あなたの「大事なこと」「たいしたことないこと」はあなただけのもの。人に強制してはいけないのですよ。

子ども好きじゃない女って、いけないいんでしょうか？

『彼』の女ってこうじゃないの？

女だったらさ〜、
みんな母性ってあるんじゃないの？
男ってどこか、
女に「母親のイメージ」を重ねているとか、
そういう話もよく聞くし。
逆に「女の母性は本能」なのかと
思っていましたが？？
子どもがキライって、
なんか荒んだ感じがしない？

うさ子's eye

そうよ〜子どもは天使だもの〜〜♪（とアピール）。見て、この曇りのない目（といって鼻みずをふいてあげる）。安らぐわよねえ〜。やっぱり女ですもの、小さいものを愛したくなるのが本能よねえ〜〜。

ツネ子's eye

そうねえ〜私も子どもは好きよ〜♪（こちらもアピール）。かわいい服とか着せて、パパと三人で一緒に歩きたいわあ〜（エリート独身社員にウインク）。だが、同時に鼻みずつきの手で服を引っ張られ、微妙な心境に……。

へび子's eye

っていうか、そもそも子どもつれて会社に来ないでほしいわ。ここは働くところでしょ。子ども見ればみんなが和む、と思ってるなら大まちがいよ！　しかもアピールに精出して働かなくなる子たちもいるし（うさ子ツネ子をにらむ）。あんたたちのことよ！！

プレヒント

「子どもを好きになりたいな」とあなたが自発的に思って行動するなら、それはステキなことです。でも、誰かによく思われたいからって、相手の価値観にムリに自分を合わせようとするのは、どうなんでしょう？　「女は〜だ」ではなく、「私は〜だ」に沿って、もう一度考えてみませんか。

4

違いを認める

自分の価値観を、軽んじすぎてはいませんか？　または、相手の考えを「それはヘン。こうなるのがあたりまえ」と、雑に扱ってはいませんか？

一般に、子供や弱い相手にやさしくするなどの「献身」は、女性的な魅力、母親的魅力と受け取られています。なので、逆に女が気を回さないと､それだけで「わがままだ」と思われてしまいます。また、気前よくおごるなどの「金回りのよさ」は、男性的な魅力になることがしばしばです。お金は「力」を象徴し、男がお金に細かいと、「度量が狭い」など、力不足まで表すような非難にまで発展することもあります。確かに、献身的であることも気前のよさも、人間的な魅力のそれぞれの側面です。でも、性別から「それがあたりまえ」と勝手に思い込むのは、押し付けに過ぎませんよね。が、実際には、誰かと価値観がぶつかった時、あなたは自分の価値観をないがしろにして、誰かの、社会の考えに合わせるくせがついてはいませんか？　もちろん、進んで合わせたくなるならば、それもいいでしょう。でもムリをすると、自分がどんどん小さくなり、何をしても言っても確信がもてなくなることがあります。価値観はちがっていてあたりまえ。たとえ周囲の中でたった１人でも、ちがっていていいのです。また、ほとんどの価値観の違いは、正しいかまちがっているかではなく、単なる考え方の違いです。押し付け合いはやめて、違いを認めたうえで、どうするかを考えましょう。もし自分との一致を求めるならば、ムリに価値観を同じにしようとするのではなく、相手とのつき合い方を考え直す必要があるかもしれません。また自分にとって「大切な価値観」は、時や場所、相手を選んで話すこと。大切なものとして扱い、自分をちゃんと守りましょう。

おんなのくせに
おとこのくせに　5

女のノーNO
男のノーNO

好きでも「ノー」なことはある。
でも「ノー」と言われると嫌われた気がする。
ああ、「イエス」の方がどれだけカンタンか!!
今日も悩みます、ふたりの「イエス・ノー」。あなたはどう!?

『据え膳食わぬは男の恥』って……本当なんですか？

ちょっとうたた寝していても
ムニャムニャ
ウッフン♡と彼女が乗ってくる
うわあ
明日朝早いから早く寝ようと思っても
ベッドで彼女がヤル気マンマン
チャララララ〜ン♪
わ……
た、助けて下さいっっ
もう太陽が黄色く見えるんですぅぅ…

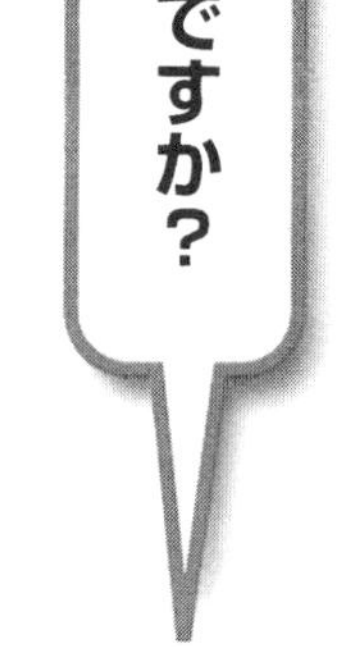

男ってこうじゃないの？

え？
男って、いつでもエッチしたい
ものなんじゃないの？
しかも女の私から
誘っているのに、
「今日は疲れてる」「眠たい」とか
そういうことって、アリなの？
そんなの、
すごく失礼じゃない!!
女を心身共に満たすのも、
男の役目なんじゃないの～？

しか子's eye

え～？　この場合は本当に疲れてるんじゃないの？（ちょっと彼氏に同情的？）でも困ったねえ～。男がエッチしなくなると、つい「浮気でもしてるの？」って思ってケンカになっちゃったりするもんね。

うさ子's eye

そういうこともあるの!!?（驚愕）それって……悲しいけど、彼の愛が冷めてしまったからじゃないかしら（涙）。女って受け身なものじゃない？　それなのにそこまで勇気を出して（？）がんばったのにね（もらい泣き）。男の人は普通、拒まないわよねえ？

プレヒント

「男はいつでもやる気マンマン」なんて、ただの神話（！）です。セックスしたいかしたくないかは、ごくごくプライベートなこころとからだが決めること。それは男女関係ないはず。イエスな日もノーな日もあります。あなたを好きかどうかとは関係なく、彼にもただ「ノー」な日があるのですよ。

つき合ってたら、エッチ断っちゃいけないんですか?

「名は体《たい》を表わす」といいますが
馬並《うまなみ》ウマ男《お》(23)
ムフーッ
LOVE
ホントかもしれません。
彼はすごくセックス好き。
それつけて♥
ムッフー
…
うんざり
スケスケ
ヒモパン
いいえ、じまんではないんです。
何かにつけてセックスばっかり…
カバ子ー好きだーッ
ガバッ
ってゆーのがイヤなんです。
「今日はしたくない」って言ったら
えええっ?!
ぬぎぬぎ
「オレのことキライなん?」「なんかやり方マズかった?」って
なんだか説明するのもめんどくさくて今日も流される私……。

『彼』の 女ってこうじゃないの？

実際つき合ってるんだし、
好きなんだから、
エッチするのは
自然なことでしょう。
彼女だって、
いやとか言ったって、
恥ずかしいとかそんな理由で
そう言ってるだけなんじゃない？
そもそも、女にも性欲ってあるの？
受身な女性の方が多いから、
男が積極的にならないと
ダメなのかと思ってた。

ツネ子&しか子's eye

ハ？　何いってんの？　そう言うなら彼もちゃんと空気読んでエスコートしなさいよ。自分の彼女だからってタダだと思っちゃあ大まちがい！　女にも性欲はあるんだよ！　彼女の方も、自分のしたいしたくないは、ちゃんとはっきり言った方がいいよ～。

うさ子's eye

……いくら仲がよくても、こんなこと人前で言いづらいわよ！　確かに断りづらいし、第一、彼に何て言ったらいいの？　何とか口に出さないで、間接的にわかってもらう方法ってないかしら。

プレヒント

「いや」ということと、彼自体を拒否することとは別のことです。でも、いきなり暴力的にはねつけたのでは、彼は攻撃されたように感じてしまうかも。また、「傷つけたくない」からといって、あなたががまんすればいいと考えるのは、逆に彼にきちんと向き合おうとしていないことになりませんか？

5

率直に断る

セックスを断るのは難しいです。「相手に悪い」「相手がかわいそう」「『できない』なんてみっともない」「大人じゃない」「ばかにされる」「相手に嫌われたくない」「どうしていやなのかちゃんと理由を説明できないから」ととまどい、ちゅうちょすることもあります。

セックスは性的な興奮以外に、安心感や信頼感、場の安全、日常生活の気がかりからの開放、健康など、さまざまな条件が整う中ではじめて楽しむことができます。性器が刺激で興奮しても、必ずしも「こころ」がセックスを望まないことがあります。

「わからない」かんじは、「ノー」のサインです。直感で体やきもちが浮かないときは「ノー」と言っていいのです。また「ノー」と伝えるのは、相手の要求に対して言うことで、相手自身を拒絶するのではありません。だから「ノー」は「あなたをキライ」ということとはちがいます。むしろ、長い間ちゃんと「ノー」を言わないでがまんしていると、次第に相手自身をキライになってしまうかも。「このごろ相手のわがままが許せない。相手のことがキライかも」と感じるときには「自分はちゃんと『ノー』と伝えているかな」とふりかえりましょう。

はっきり言わないで「どうしていやってわかってくれないの？」というのでなく、自分の「ノー」をはっきり伝え、相手の「ノー」を尊重しましょう。また「ノー」と言う相手に「私をキライなの？」「ぼくを悲しませるの？」などと迫りません。よりよいセックスをするために、お互いのきもちや要求の言葉は貴重な情報になります。「恥ずかしいから」「興ざめだから」などと言わないでいると、誤解や自己満足の元になってしまいます。どんな風にしてほしいとか、どんなかんじがしているかを相手に伝えて、こころとからだ両方のコミュニケーションを楽しみましょう。

おんなのくせに
おとこのくせに 6

女のうっかり 男のまちがい

「あっ、オレがまちがってた。ごめん！」
「あー……私の勘違いでした。ごめんね」
素直にそう言えたなら、こんなことにはならなかったのに。
わかっていたのに、それがなぜこんなにも難しい？？

わからないのにわかったフリ、まちがってても認めない男……それってどうなの？

男ってこうじゃないの？

「男は地図が読める」のが
あたりまえじゃないの？
方向音痴の男って、頼りないし、
かっこ悪い気がするよね。
しかもさー、まちがうのはまあ、
しょうがないとしても
「あやまらない！」ていうのは、
なおさらどうなの!?
こっちが何か言っても
うるさがって
結局まちがってるんだから。
全然、男らしくない！

ツネ子's eye

そういう使えない男は、やめたほうがいいんじゃないの？　基本的に。でもカーナビとかないの？　やっぱりさあ〜、最終的に技術を補うのはお金だよねえ〜〜（しみじみ）。あとはタクシー使うとか。そういう「あやまらない」とかじゃなくて、男のプライドは「力＝お金」で示してほしいんですけど？

うさ子's eye

えっ……そういうことあるの？　男で地図読めない人、いるの？（驚き）そんな油断のならない（？）ドライブじゃあ、誰が行くの？　私？私は道わかるけどね。でもだまっておく。だってかわいくないかな？と思うし。この腕前がばれるのも困るし……。

プレヒント

彼が道をまちがえたこと、それ自体に何か問題があるのでしょうか？　道に詳しいことと、彼に魅力があるかと言うこととは、何の関係もないですよね。デートがいやな感じになって、がっかりするのはあたりまえ。でも、まちがえたことを必要以上に責めないで。そうして怒りをはらしても、もっといやな気分を別のところで味わうだけではないでしょうか？

考えてみよう
おんな&おとこ

自分のことは棚に上げていいわけばっかりの女。どうしてそうなるの？

『彼』の女ってこうじゃないの？

まちがえたのは仕方がないから、
まず素直に
あやまればいいんだよ！
なのに、いろいろ理由をつけたり、
果ては「あなただって前に……
じゃない」とか
昔のこと持ち出してきたり。
それは今関係ないだろ！
もともとの争いの原因より、
ケンカが
エスカレートするのは、
そのせいだよ！

しか子's eye

確かに、ちょっとひっこみがつかないからケンカになっちゃうのもわかる～。でも、男ならそういう細かいことは、もういいじゃないか、って気もするけど。細かいこと指摘されるのってイヤだよね！もうまちがえないってば！

うさ子's eye

すごいわツネ子ちゃん、私ならまちがいに気付いた時点で、彼に会うのがおそろしくなってそのまま家に帰っちゃうかも……（もっとひどい？）。でもそんなに責めるなら、本当に、彼だってもっと早く連絡してくれればよかったと思う。

プレヒント

まちがうこと自体は何の問題もありません。問題なのは、自分が悪かったと気がついているのに、あやまらなかったこと。謝罪は言葉ではなく、きもちです。かっこ悪い！ってきもちが働いたとしても、それに引きずられないで、正々堂々と対処した方が、ずっとかっこよくはありませんか？

6

批判を受け取る

「まちがえるのは恥」と誰もが思いがちです。だから何とかできないこともできるフリをし、まちがいを認めるくらいなら、怒りや方便で、その場を乗り切ってしまいたい。そのくらいみんな「まちがう」ことが怖いのです。

でも､人は不完全なもの。気をつけていても頭がよくてもまちがえます。それを理解し、等身大の姿をお互いに認める方が、ずっと大人の態度ではないですか？　失敗しても、自己嫌悪に陥ったり、躍起になって否定したりする必要はありません。ただシンプルに、まちがいを認めましょう。「そうだね、まちがえた」と、ただひとこと相手に発することが、実は自分の最大の守りであり、不必要につけ込まれるのを避ける方法です。しかももっとも前向き。ヘンな言い争いをせず、次にどうするか、対応策を考え始めることができるのですから。また、逆の立場の時、相手のまちがいをきちんと批判し、責任を取るように要望すること、謝罪を要求することはとても大切です。「相手も悪気はない」「プライドが高いからそっとしておこう」などとうやむやにすると、相手の失敗を放置することになるし、相手を、責任を取れる相手と見ず、逆に見下していることになりませんか。相手を尊重しているからこそ、はっきり困惑や迷惑を伝えるのですから。しかし､批判はまちがえた用件に関してのみ、にしましょう。不当な批判やけなしも行わないこと。人格そのものを見下したり、ずっと責任を取れと迫ったりしたら、問題は別のものにすり変わってしまいます。また、一度の失敗をいつまでも非難するような相手とは、一線を画す必要があるでしょう。前向きな批判なのか、おとしめたいだけなのか、見極めて別々の対処をしましょう。「まちがえていい」というのは､「まちがえたときにそれを認めて、素直にごめんと言っていい」ということです。そうしてそこから立ち上がり、次の一歩を踏み出すための、大事なひとことなのですから。

お手数ですが
切手を
お貼りください

郵便はがき

150-8482

東京都渋谷区恵比寿4-4-9
えびす大黒ビル
ワニブックス 書籍編集部

お買い求めいただいた本のタイトル

本書をお買い上げいただきまして、誠にありがとうございます。
本アンケートにお答えいただけたら幸いです。
ご返信いただいた方の中から、
抽選で毎月5名様に図書カード(1000円分)をプレゼントします。

ご住所 〒

TEL(　　-　　-　　)

(ふりがな)
お名前

ご職業

年齢　　歳

性別　男・女

いただいたご感想を、新聞広告などに匿名で使用してもよろしいですか?　(はい・いいえ)

※ご記入いただいた「個人情報」は、許可なく他の目的で使用することはありません。
※いただいたご感想は、一部内容を改変させていただく可能性があります。

●この本をどこでお知りになりましたか?(複数回答可)

1. 書店で実物を見て　　2. 知人にすすめられて
3. テレビで観た(番組名:　　　　)
4. ラジオで聴いた(番組名:　　　　)
5. 新聞・雑誌の書評や記事(紙・誌名:　　　　)
6. インターネットで(具体的に:　　　　)
7. 新聞広告(　　　　新聞)　　8. その他(　　　　)

●購入された動機は何ですか?(複数回答可)

1. タイトルにひかれた　　2. テーマに興味をもった
3. 装丁・デザインにひかれた　　4. 広告や書評にひかれた
5. その他(　　　　)

●この本で特に良かったページはありますか?

[　　　　]

●最近気になる人や話題はありますか?

[　　　　]

●この本についてのご意見・ご感想をお書きください。

[　　　　]

以上となります。ご協力ありがとうございました。

おんなのくせに
おとこのくせに　7

女の移り気
男の不誠実

きもちが変わること、それは誰にもあります。
ただ、変わるってことは、それに伴うリスクも一緒に
引き受けるっていうこと。そこが難しいのよ……。
でも、だからこそ「成長」もできるのです。がんばろ～！

男に二言はない……その言葉は本当ですか!?

「なんとなく」「ま、いっか♥」でつき合い始める男女は多いハズ…
オレもその1人だった……
つきあって♥
LOVE
しかし「この人だけ…♥」「まるで別れた半身とめぐり会えたかのようだ」みたいな生涯の恋人に、相手に、出会いたいと
みんな思っているハズだ!!
その相手は君じゃなかったことが今、わかりました♥
ゴメン
ハ?
アワアワ…
ほんとにゴメンね♥
今までありがとう♥
ささ、いこーか…
借りてたCD
ずいっ
プルプルプル
プルプル
ああああ
そんな事つき合い始める前に言ってよぉぉ
私の心はどーなるの?
のろってやるぅぅぅぅぅ

男ってこうじゃないの？

なんなの～～？
だって告白した時には
いいよって言ったのに！
それだってちゃんと考えて
返事したんでしょう？
なのに考えが変わるなんて、
それって裏切りじゃないの？
相手を信じていた
私はどうなるの？
オイオイオイオイオイ（涙）。

ツネ子's eye

……（涙）。でもさあ、だからこういう時のために、「書類」や「ハンコ」があるんじゃないの。で、もらうものもらったら、癒えない傷も癒えるってもんでしょう（ニンマリ）。そしたらまた新しい狩りにくりだせばいいのよ!! さあ、泣きやんで。一緒にパックしよ？

うさ子's eye

…………（涙）。本当にひどいよね！男たるもの、一度言ったことには責任を持たなきゃあ！ 裏切りだよ裏切り！！こういう時は海だよ！今から車出すから、行こう。海を見に！ オイオイオイオイオイオイ（もらい泣き）。

プレヒント

彼の心変わり、それは悲しいことですが、本当に彼が悪いのか？と言ったら、それはちがうってこと、きっとみんなわかってますよね。ただ悲しいから、相手が「自分のわがままで私を傷つけた」ように感じるだけ。でも、時に人はわがままでも、いいかげんでもなくても、「きもちが変わる」ことがあるのです。

女は移り気だから……って、それどういうことよ!?

「二兎追う者は一兎をも得ず」
そう、人生には選択をせまられる時もあるわ。
一兎
ブスッ
やりがいもあり、私なら成功させられるプロジェクトと思い、両方引き受けてしまいましたが
やはり2つ同時というのはキビシイので1つを確実に成功させるためにももう1つは断らせて下さい。
すいませんでした。勇み足でした。
と、あやまり断ったところ
ぺこり
ナヌ?!
まー女だからしょーがないかな
わかったもーいいよ
あ、課長の島くん呼んでくれる?
何それ
「君、無責任だよ!!」ってどなられてなじられる方がずっといいわよ
「女だから」ってどーいうことよ
キイイイ
くやしいいい
センパイっっ泣かないでっ
ファンデがっはげてますっっ

『彼』の女ってこうじゃないの？

実際、彼女は女だし、
女の人って、
意外と感情的な理由で
ものごとを判断するところって
やっぱりあるんじゃないの？
体調のせいにしたり
とかねえ～ハハハ。
別にそれを責めているんじゃ
ないんだからいいだろう？
事実、断ってきたのは
君なんだし。
ねえ？

しか子's eye

センパイの苦悩、よくわかりますよ！　そもそもあの次長だってたたけばホコリの出る身ですっ！　何ならいつでも出入り、もしくはしびれ薬でも盛りますか～～？　今日は飲み明かしましょう、センパイ!!

うさ子's eye

やっぱり、1回引き受けたことだし、断ったりしなければ穏便に済んだんじゃない？　やっぱりみんなの都合もあるし。私は……言えないかなあ～やっぱり。あ、もちろん私はプロジェクトに参加とか、ないですけど！（センパイを気にして）どっちかっていうと、仕事より、合コンです。エヘ。

プレヒント

よく考えた結果、自分のした判断を変更することは、なんのまちがいでもありません。むしろ、自分をよくつきつめた結果だと思って、うれしく思ったっていいくらいです。でも、それをまわりが理解してくれるかどうかは、また別の話。……そう思った時、あなたの判断は、変わりますか？

7

考えを変える

考えが変わる、これ自体は、日常生活ではよくあること。なのに、実際そうすると、不誠実、無責任で、真剣に物事を考えていないせいだと思いがちです。さらに、相手の誤解を考えると言い出しにくく、気をもみます。気分屋のように思われるのも痛手です。

しかし、考えはもともと、一瞬一瞬のうちに浮かんでは消え、次の瞬間には別の考えに移り変わっていくものです。動き、新しくなるのが、本来の姿でさえあります。女も男も、そのこころに違いはありません。また、確かに決意しても、その経緯で、本来のきもちとちがうものを選んでしまうこともあるでしょう。相手の期待に応えたかったり、早い返事を迫られて、相手に悪いと思って急いで応えてしまったり。条件が変わることや、そもそもの状況自体が変わることだってあります。ですから、「いったん決めたから」という理由で結論を縛るほうが、逆に、不誠実で無責任になることも充分あるのです。

そんな時は、その変化のプロセスを、丁寧に相手に伝えましょう。この時こそ「まじめさ」や「誠実さ」が大事。「どうせわかってくれないだろう」「言ってもムダ」など、さまざまな理由ではっきり伝えない態度こそ、誤解や落胆、無責任さの元になります。

しかし誠実に伝えたからといっても、相手がどう受け取るかまで、決めてかかることはできません。「こんなにちゃんと説明したのにどうしてわからないの！」と迫らないこと。相手からの批判や意見も、しっかりと受けとめて下さい。これは逆の時も同じ。相手の変化も、それをどう受けとめるかは自分で決めます。わからない点は聞いて、納得いかない点は、自分のきもちや意見を率直に伝えて下さい。そして、今後の対応を考えましょう。大事なのは「考えを変えた」こと自体ではなく、「ではどうするか」なのですから。

おんなのくせに
おとこのくせに 8

女のできてあたりまえ 男のできてあたりまえ

「それ、何？」と素直に言えないこの私。
いつからこんなに見栄っ張りになったのかしら？
「私のこと？」と思ったでしょう。実はみんなそうなのよ。
なのに今日も全員仮面をかぶります。「オホホホホ」？？

パソコン、オーディオ、ネット回線……理系の知識は男のたしなみですか？

「引越しには男手が必要」
よく聞く言葉です。
それは「男だったら
力持ちで
その上 パソコン配線なんかも
チョチョイのチョイ♥」
と、思われているからです。
どすこい
ステキ～♥
ハイOK
しかし
オレは今
ハハハハハ
まかせちゃってよ♥
という己の言葉とは
ウラハラに、
何してんの？
まだぁ？
おソバのびちゃうよ
映画でよくある「赤と青、どっちを切るか？」って迷うバクダン処理する主人公のキモチってゆーか・・・
ドキドキ
プルプル
赤と青どころかさっぱりわからん・・・
かくなるうえは最後の手段・・・
自分停電!!
バチッ
まっくら
え？何？
すくっ

忍法・ザ・「まっくら闇」
じゅっ♥
ズズ…
にんにん♥
と、寅平さん？

男ってこうじゃないの？

子どものころから、
男の子ってプラモデルとか
機械系のおもちゃが
好きだったり、
パソコンの配線なんかも
どんどん自分で
やってたりもするよね？
だから、男の人は大体、
機械系のものが
好きなのかと思ってた。
私は説明書読んでも
ちんぷんかんぷんだから、
知っていてくれると
頼れて助かるんだけどな。

しか子's eye

うん、私も結構知性には弱いかも。知らないことを教えてくれる相手って、光って見えるし……。自分がよく知らないことを「ああ、それはね」ってすぐに教えてくれたり、「ぼくがやってあげるよ」って解決してくれたりすると、うっとりしちゃう。案外、守られたいのかな？　私。

ツネ子's eye

機械に限らず、専門用語に詳しい人って、かっこいいわよね。何かスペシャリスト！ってかんじがして。私が思うに、やっぱり男は知性よ〜。医者とか弁護士とか、いいわよねえ〜。一応言うけど、私は知性に着目してるのよ？　お金だけじゃないわよ？

プレヒント

「彼ならきっとわかるはず」、好きな相手だからこそ、期待したくなるきもちはみんなが持っているものです。もちろん知識があるのは魅力的だけど、ないからと言って、それは彼の価値を下げてしまうことでしょうか？　あなたも彼もまだまだ成長中。今日もまだ、その一通過点でしかないのですから。

料理……まったくできない女。それが私ですが、何か？

みんなでたき火をかこんでいるキャンプの夜、
なんでも焼いてしょうゆかけたらウマイよね♥
うん♥でもこの「MYお手製ペースト」もためしてみて？おいしいよ？カンタンだし〜♥
ずいっ
どちらの女が「女として✧上等✧」に見えるか？
そら「おてせいペースト女」でしょう……
それはアナタの思いこみ……
パチパチパチパチ
だけど じつは私は「料理のさしすせそ」も知らない女。
✤料理で先に入れる順番さしすせそ✤
さ さとう
し しお
す す(酢)
せ せうゆ(しょうゆ)
そ みそ
……
こんな「お笑い」担当の女には決してなるまいという目
さ さしみ
し しおから
す すダコ！
なんちてダハハ♥
ゴ
でもそんなことは男の前では絶対言えない
そう、ケムに巻くのよ!!
女《おんな》くの一《いち》!!
私はツネ子
ホホホホホ
……
ツネちゃんど〜したのかしら…？
さあ…
ゴーーッ

ツネ子のくのいちワザ
うん♥イケるんじゃナイ？
一句
味見だけ
なのにエラソー
オマエは何様
バルサミコもあったらなー
MYオリジナルレシピでねー
知ったフリ
もし「あるよ」と
差し出されたら
どうするの？
悲しい句がゾクゾクと……

『彼』の女ってこうじゃないの？

別に料理の達人である必要は
ないと思うけど、
冷蔵庫にある残り物とかで、
ぱぱっと何か作れたり、
「たいしたものじゃないんだけど」
って言って、
おつまみつくれたりする女性って
やっぱりいいよね……。
男のあこがれ？
っていうか、
全人類のあこがれ？
（デカイ？）

しか子's eye

ワハハハハハ。確かに私は料理できないけどね。それが何？　残念～、料理以外は完璧なのに……何、その疑わしい目は！　大体さあ、料理で男に媚売ろうとか、そういう態度はどうなの？　そういう女がいるから、家事は女がやるもの、みたいに考える男がへらないんじゃないよ～！

うさ子's eye

そうよね～。料理って日常じゃない（イキイキ）。何気ない工夫ができるのって、生活に潤いを与えるのよ～。そういうのに魅力を感じるのって、人間の本能じゃないかしら。やっぱり。あ、じゃあさ、私のオリジナルレシピ集、よかったら貸すから。使う使う？カンタンよ～（じまん？）。

プレヒント

知らない自分に一番反応しているのは、実は他の誰でもない、自分自身ではないでしょうか？　もし「そんなことも知らないの？」と言う人がいるなら、素直に「うん、知らないの。それ、何？」と言うだけでいいのです。「知らない」と言えることは、「知っている」ことと同じぐらいの価値がある、そう思いませんか？

8

前向きに聞く

「女なら」料理ができて、掃除洗濯がさっさとやれて、きれい好きで、清潔で、気が利いて、字も絵も上手で、つき合い上手、やさしく、明るく、出過ぎない。もしも男がそんな思い込みを持っていたら……？

「男なら」運転上手で地図が読め、パソコンに詳しくて、壊れたときはちゃんと直せる、電球を替えたり、大工仕事も得意で、何かあっても迷っていないで決断し、困ったときには解決策をすぐ出せる。もしも女がそんな思い込みを持っていたら……？

「そんな女や男なんているわけない！」とわかっていても、いざ相手に期待されると知らないことが恥ずかしく、逆に相手が知らないときは案外がっかりしてしまいますよね。

知らなくて、くやしい思いがするのは自然ですし、それが向上心にもつながります。今知らなくても、知りたいきもちやできるようになりたい意欲があるなら、それを誇りにすればよいのです。「知らないの、教えて」それで、向上心はまっすぐ相手に伝わります。

その反対に、相手が知らないことをバカにする、相手を傷つける意図をこめるなどは、お互いの劣等感に火をつけます。それに、「男のくせに～ができないなんて」と侮るのは、まるで「あなたスーパーマンじゃなかったの、がっかりしたわ」というくらい、こっけいです。また反対に自分のこころの内側に、幻の「スーパーウーマン」がいると気付いたら、とりあうのをやめましょう。幻想と競い合っても徒労です。

向き合うべきは「自分の中のめざしたい私」です。「できたらいいな」「知りたい」とわき上がってくる想いに乗りましょう。そして応えてくれる相手を見つけ、たずねましょう。知らないことは聞けばいい。まだまだ、学ぶべきことだらけなのですから。

おんなのくせに
おとこのくせに 9

女の望み
男の望み

「え、その程度のこと？　どうでもいいじゃない」

時として、人の願いは軽く見えることがあるかもしれません。

でも、どんなシーンの中にも「一番の希望」はいつもあるもの。

言葉にする前にあきらめないで、
言ってみましょう、聞いてみましょう。

ふたりの結婚資金をくずして車を買いたがる男……許せますか??

男ってこうじゃないの？

大体、「結婚式は女の夢」だって
わかっているくせに、
この仕打ち？（涙）
車なんか、
走ればいいじゃない!!
車と結婚を天秤にかけるって
いう段階で信じられないわよ！
結婚式こそ人生の一大事。
最最最優先、
当然でしょう？

ツネ子's eye

あなた、根本的なまちがいをおかしてるわよ。なんで車の１台買ったくらいで、結婚資金が足りなくなるの！　そこが信じられないわよ!!　どんな式をやる気？　で、新婚旅行はどこに行く気なの、どれどれ？（情報誌をのぞき込む）ちょっと！　あなたの夢ってこのレベルなの？　私は妥協しないわよ!!

うさ子's eye

結婚式!?　もちろん最優先よ!!　女の夢ですもの。そこんところは、男ならわかってくれなきゃ！　……参考までに聞きたいんだけど、車は何買おうって言ってるの？　車種は何？　スピードは出るの？（ちょっと複雑なうさ子）

プレヒント

あなたが強く「ステキな結婚式がしたい！」と願うように、彼には彼の願いがあります。誰の願いも、同じくらい大事。強引に彼を押し切っても、きっと同じことでまたぶつかってしまうかもしれません。もしふたりで同じ願いを追いかけたいなら、こころからふたりで願えるまで、話し合う必要がありませんか。

彼の将来と私の夢、ゆずらなきゃいけないのは女ですか？

私の生きがい
それは情熱の
フラメンコ
オ〜レ!!
がんばったカイあり、
今や
フラメンコ
名取《なとり》
うし子
なのだ
教室で
先生に
なるのだ
オー
パシャッ
パシャッ
と
パシャッ
なとり？
しかし
順調な
うし子の
生活も
つかのま、
彼の
海外赴任が
決定し、
一緒に
ついて
来てくれと
言う
AIR
チケット
チャララ〜ン
嫁が一緒で
ないと困るんだ
そんなっっ
これから
私
先生に
なれるのに？
ああっっ
どうするうし子!!
苦悩のフラメンコ!!
オ〜レ!!
オ〜レ!!

『彼』の女ってこうじゃないの？

一生懸命やっている
彼女の努力は
高く評価してるけど、
所詮、「趣味」だろ？
それだけで生活していける
わけじゃないし、
そもそも仕事で赴任する男と
対等に考えるのが
おかしいんじゃない？
それに、本当に嫁が一緒でないと、
仕事に差し支えることも
多いんだよ。頼むよ！

ツネ子's eye

え〜〜！　いいな〜〜！　駐在員の妻？　どこの国？　何言ってんのうし子。確実に行くでしょう。よく考えてごらん？　あなたのフラメンコは所詮趣味よ？　それにフラメンコはあんたを待ってくれるかもしれないけど、男は待ってくれないわよ？

しか子's eye

何それ！　がんばってる彼女のきもちなんか全然考えてないじゃん！　どう考えても確実に離婚よ離婚。私、名取に決まった時の「襲名ダンス」感動したよ〜。やめちゃだめだよ〜！　バツいちぐらい、女の勲章だよ〜。え、入籍まだだっけ？

プレヒント

誰にとって、何が一番大事なのか？　それは人に強要されることではありません。でも、だからと言って「絶対変えようがない」と決めつけることでもないのです。一番親しいふたりだからこそ伝えられる、本当の本音を話すこと。それがふたりの未来への第一歩なのではありませんか？

9

一番の希望を伝える

相手の望みや期待と相入れないとき、「自分はつまらないことを主張しているのではないか？」などと考えて、自分を引っ込めてしまうことがありませんか。気遣いから、したくないことを受け入れ、ほしくないものでがまんする……、実際よくあることです。

また逆に「相手はつまらないことを主張している」「私を優先するのが当然」「私を傷つけている」などと考え、相手を責めてしまうことはありませんか。その結果、実は相手にしたくないことをさせ、ほしくないものを押し付けてしまっているのかもしれません。

相手ときもちがすれ違うと、まず「イヤな感じ」がします。カッと腹がたったり、ガッカリしたり、不安になったり、悲しくなったり。その最初のかんじは大切です。でもだからといって、それをそのままぶつけ返し、相手を責めたり、すねたりしても相手との溝は埋まりません。大切な話だからこそ、きちんと準備して大切に話す必要があるのです。

第一印象の「イヤなかんじ」をきっかけにして、話し合いを持ちかけましょう。この話し合いは、権利に根ざして始めます。それは「人は自分の一番の希望を、いつでも相手に伝えていい」という権利です。たとえ他の人には不愉快で、憤りを感じるような話題や提案でも、その「一番の希望を相手に伝えてもいい」のです。

大切なのは、話し合いの目的は、違いを認めて妥協案や解決策を新たに見つけ出すことで、どちらがよい、悪い、正しい、まちがっている、と決着をつけるのではないとわかっていること。「大切に思い合っている」ふたりだからこそ、一方的でない結論が必要ですよね。ものさしで測るようにはいきません。でも率直に希望を伝えたからこそわかるきもちが、きっとそこにあるはずです（詳しくは巻末ふろくをご参照下さい）。

おんなのくせに
おとこのくせに 10

女のやさしさ 男のやさしさ

「好きだから～する」と「好きでも～しない」。

やさしければやさしいほど、この区別は難しくなります。

でも、ふたりの領域を上手に区別すること。

「こころ境」を作ることが
長く一緒にいられる本当の秘訣、ではないでしょうか？

夢を追う男にお金を貸し続ける女……やっぱりまずいですか？

「路上ミュ〜ジシャン」
恐ろしいことに
MY彼の肩書きだ。
当然
女の私が
ゴハンを
おごる事も
多かった。
あっ 生チュー追加ね
いつか ビッグになって 幸せにするからね♡
お金を貸す事も
時々
ありました。
ごめんね やちん 足りなくて
君のために 今夜は 歌うよ
「チャンスを活かすために ロンドンへ 行きたい」
という彼を
やはり
おうえんする
=
お金を貸す
べき？
でも チャンスって 何？
ドキドキ
しかも 鍵盤 ハーモニカ？
え〜
…
プッ
「だめ○ず」はじめて見たよ〜

男ってこうじゃないの？

もちろん、彼を応援したいきもちはあるんです。
でもそれがお金？
女からお金借りてまで夢を追いたがる男って、どうなのかとふと疑問になって。
でも、ここまでやってきてここで見放すなんて……
私って薄情なんでしょうか？

うさ子's eye

夢のある男の人って、魅力的だもんね。しかもミュージシャン♥(夢見る目)。(「でも鍵盤ハーモニカよ !?」とツネ子から突っ込みが入る）メジャーデビューの予定はあるの？　かと言って、ここで見放すみたいなこともツラいよねえ。でも糟糠の妻ならまだしも、薄幸の妻はいやだよねえ……。

ツネ子's eye

(ありえなさすぎて言葉にならない)。いい？　あなたに最適なことわざを教えてあげるから、紙に書いて壁にはりなさい。「金の切れ目が縁の切れ目」気付こうよ。そもそも彼に才能があるのかないのか！　出世するのかしないのか！　投資するなら、勝ち馬よ？

プレヒント

夢や苦労を共有すること、それはひとつの愛情の形でもあります。でも、それはふたりが対等な関係であることが不可欠。どちらかの力だけで飛ぼうとムリしたら、その翼は遠からず折れてしまいます。夢を追う資格があるのは、自分の翼で飛ぶことのできる人だけです。彼からその力を奪っているのは、もしかしたらあなたかも知れませんよ。

助けを求められたら、助け続けるのが男の道なんでしょうか……

『彼』の女ってこうじゃないの？

彼女の助けになりたいのは、
本当のきもちなんです。
でもいったい、
いつまで助ければいいんだ？
頼られるのはうれしいけど、
オレ、
君のお父さんじゃないよ！
自分ひとりだって
いっぱいいっぱいなのに……。
こういう彼女って、
問題ですよね？

しか子's eye

彼女に出て行ってもらいたいなら、ちゃんと言った方がいいんじゃない。でも、そんなこと言われたら、私ならケンカになっちゃうかも。女の１人ぐらい、いつでも受け止められる男であってほしいもん。「いくらでもいろよ」とか、言われたいよね？

うさ子's eye

全然何の問題もないと思うよ。彼女は非常時だったんだし、そういう時に一番ちからになってくれるべきなのが、彼氏なんだもの。いっそ彼に親と話を付けてもらって、正式に一緒に住むことにしたらどうかしら。

プレヒント

相手を守りたい、助けたいという感情は、とってもステキなものです。でも、それは自発的にわき出てくるからこそ価値があり、また「どのくらい助けて」と人が要求できるものでもありません。愛があればいくら負荷をかけてもいい、そんなことはないですよね。いつまでもふたりでいるために、あなたはあなたの足で立つ努力を。

10

自分を守る

あなたは他の人の悩みを、自分のことのように背負っていませんか？　相手のことで、へとへとになっていませんか？　大好きな相手の応援を終わらせることや手放すことが、冷たい仕打ちのように思われて、距離感を保てなくなっていませんか？

やさしい思いやりのきもちはステキです。でも、応援や世話焼きが長い間の習慣になると、さまざまな苦しい葛藤が生まれます。相手がこちらの負担に気付かないことに不満を感じ、充分な感謝を示さないと怒りがこみ上げます。また、相手が、応援の甲斐のあるような成果や成功を収めないと、相手を非難したくなることもあるでしょう。これまでの負債を返せと文句をいいたくなり、あるとき、これまでのがまんが爆発して、本当に相手を打ちのめしてしまうかもしれません。これでは結局、相手との関係は壊れます。

「思いやりの落とし穴」に気をつけて！　自分のできることの限界を決め、誰の要求を優先するか、何をどれくらい引き受けてあげるのか、自分で「境界線」を引いて下さい。「境界線」を引くポイントは、きちんと「自分を守る」、これを忘れないことです。

なんでも無償でオープンに、相手に提供することをやめましょう。自分のために用心し、窓を閉め、鍵をかけ、大切なものを奥にしまったっていいのです。冷たくなんてありません。自分が空っぽになるほど、「愛」をあげようとするのはやめましょう。

本当に相手のためを思うなら、自分のために愛情と尊厳と安全を守るのが先です。そうすることが、相手の痛みを癒すちからを存分発揮し、適切な気遣いを提供し、応援を続けていける大事な下準備になります。境界線の侵害はかえって、ふたりの仲を壊します。適度な距離を持って、各々自分のちからで立つこと。それを忘れないで。

おんなのくせに
おとこのくせに 11

かわいい女
頼れる男

もし、誰も見ていなかったら、違う選択をしたかも。
それぐらい、普段の私たちには、みんなの意見が重大です。
でも本当に、それでいいのかな？
人生の主役兼監督はあなたなのに？
時には、端役の意見はわきに置いておいて。
それがいくら重要な役者でも……！

脱サラして貧乏になったらフラれた……やっぱり男は金か？

どんなにツライ時も
これさえあれば
心が暖かくなった
それは おフクロの味
どんぐりうどん
オレ 会社 やめて 「どんぐりうどん」の 屋台 やろかと 思って♥
のれんも つくっちゃったさ♥
ど
り
何それ
彼女
どんぐりて
客 リスだけちゃうの？
売れんの？
一日なんぼで
年収なんぼ？
老後の保証は？
アホちゃうー
いや ムササビも
来よるで
きいてる？
おいおい
成功 せーへんかったら
負け犬やで？
その時 戻ろ 思ても 会社は ないで？
そうそう♥
親友
え？
おまえら？
どーいうことや？

友って何？
女って何？
どんぐり
ヒュウウウゥ

男ってこうじゃないの？

当然の結果でしょう？
自分らしい人生を
送りたいなんて
聞こえはいいけど、
何の保証もない生活で、
ついてきてくれなんて
あまりにも
自分勝手なんじゃないの？
結婚を考えるなら、
男として
仕事も収入も安定していて
あたりまえじゃない。

しか子's eye

えー！いいじゃん。それって男としても「気概」があるって言うんじゃないの？　でも、とりあえずの年収はどのくらいなの？　彼のやる気を年収で見せてもらえばいいんじゃない？　世間体や安定だけで速攻乗り換えるって、どうかと思うけど……。

うさ子's eye

コメントしづらいよね～（困惑）。正直、愛があれば彼について行きたいのはやまやまでしょう。でも、「どんぐりうどん」よ!?　青年実業家とかとは、違うからね？　うまく成功してチェーン展開まで行くとか、だといいんだけど。

プレヒント

何を評価するか、たくさんの選択肢の中で何を選ぶかは、その人オリジナルであっていい部分です。どんな人でも、まわりの評価によって自分の生き方を変えたりする必要などありません。あなたの「こうであってほしい彼」と、実際の彼がちがっていたとしても、「だから彼はダメ」とは言えないのではありませんか？

できる女って、不利なんですか？

風になびく
巻き髪も
うるわしく
仕事もバリバリ
できるイイ女、
そう、それが私
イキイキ
へび子
（32）
「イイ女」って
自立と美ボウ、
たしかどっかで
読んだと思うけど
……
anon
イイ女特集
私の耳に
きこえて
くるのは
女の上司って
なんか
やりにくいよなー
まーな
イケメン新入部下
シャーーッ
こんなこと
ばっかり。
そしてじっさい社内でモテルのも
ブリブリだけの
若い子か
いやし系
ボイン
ちゃん……
飲みに行こうか？
シャーー……
……
なぜなの?!
「仕事がデキル」男は
モテて、
女だったら
敬遠されるって
ナゼ
なのよ!?
センパイッ
泣いちゃダメッ
ファンデがっ
はげしく
流れてますっっっ

『彼』の女ってこうじゃないの？

いくら仕事ができて有能でもさ。
やっぱり女はかわいくて
気が利くっていう方が
男としてはいいって言うのが
本音じゃない？
やりづらいところがあるのは、
確かだよね～。
女側としても、男と対立しない方が
うまくいくんじゃないの？

うさ子's eye

（男子社員にお茶を出しながら）そうね～センパイ恐いもんね。（と、愛想をふりまく）

しか子's eye

こんな会社は辞めちゃいましょう、センパイ！　独立しかないですよ。作りましょうよ、女たちの楽園を！　カフェスネークなんてどうですか？　雑貨屋も併設したりしてね……♥　おともします、どこまでも！

ツネ子's eye

せっかく女に生まれたんだし、そこそこ「女」も活かして、うまいことやっておいたほうがいいんじゃないの？　その後輩の男たちも、今後どう化けるかわかんないですよ、センパイ。なんなら、先月の「男ウケ服特集」貸しましょうか？

プレヒント

仕事の仲間に「かわいい女」と思われることは、果たして本当に必要でしょうか？　自分なりの理想を貫きながらも、あえて「かわいい女」でもありつづけなければいけないのか、改めて考えてみませんか。あなたを見てどう感じるかは、人それぞれ。でも、誰がなんと言ったとしても、あなたのあなた自身に対する評価以上に、大事な意見なんてありません。

11

自分で選ぶ

「かわいい女」「できる男」になりたい、と思ったことがありますか？女の子は小さいときから「明るい」「かわいい」「やさしい」など人に受け入れられ、承認されると「よい子」だとほめられる傾向があります。そのため、相手に気に入られて、自分の価値をあげようとします。その反対に自分の意見がしっかりあり、ちからを発揮したいと願うと、「わがまま、頑固」などと言われて孤立しがちです。

男の子は小さいときから「勉強ができる」、「特技がある」、「おもしろい奴」など本人の特別な能力を認められることで自信を得るように背中を押され、ときに激しい競争に参加することをやむなくされます。皆より頭が良かったり、スポーツができたり、人気者になれると自信になりますが、あまり目立たず、体を動かすのも得意でないと、劣等感を持ってしまいます。

そうして過ごすうちに、みんなあることに気づくでしょう。競争には終わりがなく、「評価」はくるくる変わり、まわりが十分な満足感や自信を与えてくれることなど、めったにないと。これに不安に感じ、自信を失ってしまう人もいると思います。でも、実は人の自信を失わせるような評価基準、これの方がまちがっているのです。競争に次ぐ競争を続けなくてはならないこの「しくみ」こそ、問題です。そろそろ競争から離れ、「私らしさ」を大切にすることに、方針を変えていいはず。お互いに「その人らしさ」に価値を置くように、頭を切り替えてみませんか。女の人が頼もしくたっていいし、男の人がかわいらしくたっていいのです。私たち一人一人、ありのままで、わが道を進みましょう。そばを歩く人にも「それでいいよ」と声をかけ、その人の歩みを応援できたら。こんなにステキなことはありませんよね。

おんなのくせに
おとこのくせに 12

ありのままの女
ありのままの男

誰を好きになってもいい。ならなくってもいい。
ひとりでいてもいい。ふたりでいても、何人でいてもいい。
あなたはあなたのために生きていて、それは誰もが同じです。
だからこそ出会いは奇跡。出会えたことが、すでに「奇跡」なのですよ。

12

ありのままを喜ぶ

恋愛ってするのがあたりまえなの？ 異性を好きにならなくてはいけないの？ ひとりがいいっていけないの？ 結婚や子供がいなくちゃいけないの？ みんなとちがうのってヘン？ 自分を変えなきゃいけないかしら？

私を好きならあなたが変わって！ 私が大事って証拠を見せて！ 愛しているなら何でもわかって！ 仕事の都合に合わせろよ！ 名前を変えるの、あたりまえだろ！ まわりに迷惑かけるなよ！

芸能人の結婚や、妊娠は大々的に報じられ、ＳＮＳでも恋愛の話題は絶えません。まるで人生の幸せは「最高の伴侶」に恵まれることのよう。「夢のような相手を手に入れ、絵のようなカップルになろう」と、毎日宣伝されているようです。もちろん、「大賛成！」と素直に思えるなら、努力も協奏もがんばる意義はあるでしょう。「理想の人」をみつけるために切磋琢磨し、選択眼を鋭く磨くのもよいでしょう。

でももしも、「何かしっくりこない」と自分の声が聞こえているなら、一度考えてみて下さい。私たちは、生まれたときに「女」か「男」いずれかに登録され、多くの場合、その区別に沿って育てられてきました。しかし、今大好きな人、大切な人と一緒にいて、あまりにも「性別」でわけていると、かえってそれが障害になってしまうことがあります。

これはもしかしたら、自分の本当の声より、「女だから」という形にこだわって、自分を変えようとムリをするからかもしれません。目の前の本当の彼よりも「自分の中の理想の男」に相手を変えようと、無理強いをするからかもしれません。

でも、よくよくまわりを見てみれば、たくさんの個性豊かなこころとからだが暮らしています。もう一度のびのびと、こころの持っているちからの羽根を伸ばして、自由なきもちで、ふたりの関係をながめなおしてみませんか。

恋愛は、男と女の間に限られません。女同士だって、男同士だって、愛し合います。性に関心のない人もいます。一緒に暮らす家族の形は、結

婚ひとつに限りません。数えたらきりのないほど家族の形はあります。産んだ子供だけがその人の子供、なんてこともありません。地球に生まれた命は、世界中で育てているのです。

世界はまるでごった煮のように、どんな体験も味わうよう準備されています。77億の人々は、ひとりずつの名前と共に、ひとりずつの時間の中を生きています。誰かとすっかり同じなんてありえないこの人生で、本当に頼りになるのは自分自身だけ。その自分、の中でも、「女」や「男」であることは、ほんの一部、相手にとっても一部です。100%のオリジナリティーの中で少しは目安にできるけれど、頼れるほどの確かさは見つかっていないのが現実です。「女らしさ男らしさ」は、体のくせ程度のもの、ともいわれます。くせの強いの人、弱い人、くせの好きな人、好きじゃない人、くせに困っている人、どうでもいい人。自分の持っているセクシュアリティーとのつき合い方は、自分で調整をつけていっていいものなのです。

私たちは、ここまでくるのに、もうすでにさまざまな体験を重ね、自分のちからで乗り越えてきました。ほしいものを手に入れようと夢中になり、願いが叶うように祈ったり、誰かを愛し、愛されたいと強く願い、誰かのために一生懸命になり、できる限りの愛を注いだこともあるでしょう。思い通りにいかず絶望し、裏切り、裏切られ、傷つけ、傷つけられ、憎み、うらやんだこともあるはずです。愛する人を失う悲しみ、大切なものを奪われた痛み、理不尽さへの怒りに、耐え切れない体験もあります。誰かの大切なものを奪い、仲間はずれにし、からだやこころにひどい傷を負わせたこともあったかもしれません。そんな自分を許せず苦しい思いもしたでしょう。

ひとりひとりが、さまざまな体験やふるまいを心に刻んでいます。そうしながら、ひととき、人とめぐりあっているのです。いつでも私たちは「ありのまま」に生きています。これからもそうでしょう。確信できることは「これからも、私の人生は私のもの、あなたの人生はあなたのもの」であるということ。なによりも今、こうしてめぐり合えたことを喜び、尊敬とねぎらいを伝え合いましょう。

番外編

からだときもち「セクシュアリティー」

女は男に比べ、自分のからだと「人から言われたこと、教えられたこと」によってはじめて出会うことが多いようです。そのため、相手が認めてくれること、ほめてくれることで自分のからだを受け入れようとしがちです。結果「完璧なからだでない」と自分を卑下してしまう女性も、実は大変多くいるのです。

古くから、女のからだには「性的な欲求を誘い出す得体の知れないもの」「子供を産み出す神聖で崇高なもの」という2つのステレオタイプのイメージがあります。そのため、女自身もまた、自分を2つにわけて評価してしまう傾向があります。

まず、「性的」なイメージから、女のからだは時としてモノのようにバラバラに取り扱われます。目や胸、お尻、足などひとつひとつの部分が形、大きさ、太さ、量、質感、機能などから「部品」のように見られるため、次第に自分でも同じように、自分を評価をしはじめてしまいがちです。そして、評価の基準に合わない自然な毛や汗、体型を嫌って、ありのままのからだを拒絶し、「部品」を取り替えようとします。ですが、こうした行為は「努力」や「向上心」とはまったく別のものです。また、このように一部を拒絶すると、全体から得られる喜びを得られず、ついからだに厳しいまなざしを向け、怖がり、「これではダメ」と罰してしまうでしょう。こうして、自分をありのままに認めることや、好きでいることが、だんだん難しくなってしまうのです。

一方「神聖で崇高なもの」というイメージからは「耐え忍ぶからだ」が期待されます。その際たるものが「女は子供を産む苦しみに耐えられるのだから、何にでも耐えられる」と言われるものです。まるで女が自然に、揺るぎなく、妊娠や出産に耐えられるかのような幻想です。陣痛の痛みも子育ての疲弊も、「女なら」耐え忍べるもので、心配や恐れも真剣に扱われません。「大丈夫よ」「気に病みすぎ」と言われ、すべてを「受け入れる」オープンさが期待されます。まるで、女は「精神力」で肉体の苦痛を凌駕する修行者のようです。しかし現状は、妊娠、出産、子育てが、女のからだの安全を脅かす重大な出来事であり続けています。

「部品」としてひとつずつに批判が加えられたかと思うと、一方ではひとくくりに丈夫で長持ちで「何でもできる」と語られること。なぜこれほどまでに、統合されずに語られるかというと、実はこれまで「女の体」が女自身ではなく、他者（多くは男の専門家）によって研究され、語られてきたからです。

こうした外からの情報は、女に自分のからだを恐れさせ、自分を痛めつけたり、他者に提供させてしまいます。自分のからだを統合して見ず、尊重しないでいることは、自分自身をひとつのまとまりとして受け入れることや、全体を信頼することを邪魔します。

からだを愛するためにわたしにできること

想像して下さい。もしも誰かが、自分の大切なものを勝手にもてあそんだり、奪ったり、壊そうとしたら、または無礼な態度で扱ったら、どうするでしょう。瞬時に怒りがわき上がり、「やめろ！」とくってかかるでしょう。女はそのような強さと尊厳を、自分のからだに対して持つ必要があります。外からの情報や評価によらず、自分自身でからだを知り、受け入れ、尊重する方法を取り戻す必要があります。セクシュアリティーとは、性を含めからだ全体を受け入れる言葉です。

鏡に自分を映し、そこに映る姿をちゃんと認めましょう。誰かに見せるためでなく、誰かにゆだねるためでなく、自分が自分を受け入れるために、「美しいもの・大切なもの」を見るように、自分のからだをながめましょう。ながめていて、もし自分を罰する言葉が浮かんできたら、それを止めるように、自分に言いましょう。自分で自分のからだに触れ、その感触にきもちの言葉をのせましょう。からだのかんじをひとつずつゆっくり味わい、そこから思い出される過去の体験、聞こえてくるメッセージを受けとめていきます。自分のからだは自分のためにあります。「大切にするよ」とからだに向かって伝えましょう。からだの欲しているものを手に入れましょう。休み、喜び、快感、リラックス、興奮、やさしさ、あたたかさ……。ひとつずつのプレゼントが自己尊重とつながって自信となり、自分を力強い存在にしていくのです。

女たちからできること

男が、女との関係において「優れてい続けなければならない」のは、大きなプレッシャーです。女のことは何でもわかったふりをして、「大きな男」を演じ、女の求める安心感を与えるには、1人で暗中模索するしかありません。しかもその「男の弱み」につけ込んだ、当てにならない「女情報」が、山のように男から男へ売り買いされています。そんな中で、女が「男は何でもわかってくれて、私のほしいものや安心を与えてくれる」ことを期待し、自分からははっきり言わず、ゆだねるなら、男のつらさは続いてしまうのです。

女から発したからだときもちの情報を、自分から男たちに伝えましょう。どんな小さい情報でも、それが関係をよくするための最初の一歩です。女の意見やきもちを聞こうとする男を、「シリにしかれている」「男らしくない」などと揶揄するのを止めましょう。女自身が発する情報が、ちゃんと男に伝えられること、これが今、本当に望まれ、待たれています。

わかりあうって、「同じ考え」や「同じきもち」になることではありません。「ちがう考え」や「ちがうきもち」を伝え、認め合うこと。自分で選択し責任を取ること。これをルールとして、ふたりで理解し、わかりあって行く過程をぜひ味わいましょう。

(「具体的にはどうしたらいいの?」と思ったら、ぜひ巻末ふろくをご覧下さい!)

巻末ふろく

大好きな人と、
正々堂々と向き合いたいからこそ、学ぼう！

実になるケンカのしかた 3ラウンド

相手と正直に向き合おう、
そういうきもちになってきているころかな？と思います。
だけど、みんなが真剣になればなるほど、摩擦もたくさん起こるはず。
「ケンカ」になるかもしれない。そう考えると、怖いでしょうか。
でも、もう一度考えてみて下さい。「ケンカ」ってそんなに悪いもの？
本当は「ケンカ」ってすごくステキなんです。
だって互いに真剣なふたりにしかできないものだから。
そして、やり方によっては、いっそう強く結びつくチャンスだから。
ここでは、その「ケンカ」のしかたをお話します。
ちょっと興味が出てきましたか？

一緒に学んでみませんか？
「実になる」ケンカのための3ラウンド

「ケンカをする」っていけないこと、と思っていませんか？

確かに悪口を言いつのったり、暴力をふるったり、泣きわめいたり、怒りくるったり、

それでは、関係は悪くなるばかり。また、いつものパターンにはまってしまったと、無力感に襲われるかもしれません。だから、ついできるだけ相手を怒らせたり自分が腹を立てたりしないよう、「平和でなかよく」を心がけ、ケンカしないようにと、みんな考えます。

「ケンカって思いやりがないからおこるんだ」「ちゃんとわかろうとしないから、始まるのでは」と思うと、よくケンカする自分は人を愛するのが下手なのかな、わがままなのかな……という気がしてきたりして。確かに、いやになりますよね。

でも本当は「ケンカをする」って、とても大切なことなんです。

そもそもケンカの根っこのところには、とても前向きなきもちが働いています。だって、「どうでもいい」相手とは、ケンカする気にもならないでしょう？　ケンカを怖がって、

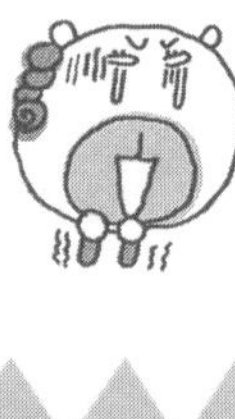

避けて通るより、時としてちゃんと「する」方が、「今よりもっといい関係になる」可能性があるものです。ただ、どうしたらいいか、方法がわからなくて、いつの間にか迷い道にはまってしまうだけ。


あなたはケンカをしていて、こんなことを考えたことはありませんか?

「あやまらないで済む方法、ないかしら」

「彼に『わかった』って言わせる方法、ないかしら」

誰でも、負けを認めるのが悔しくて、必勝法がほしくなるものです。言い合いになる前に、相手を説得して思い通りにできればいいのにとも考えます。そうすればイライラすることもなく、思ったようにことが進むのに。


でも、「実になる」ケンカとは、さわやかに相手と向き合う方法、なのです。残念ながら、勝つために策を弄するのとはまた別のこと。素直にごめんねということができ、相手に「イエス」「ノー」を言う権利を認める方法です。

「ヘンだ」「おかしい」「いやだな」「なんで?」と感じるマイナスの感情がわき起こったら、火蓋は切って落とされました! さあ、準備を始めましょう。「もっとよくわかりあうため」私から、一歩踏み出しましょう。

ケンカをするって、ステキなことです!

よし、じゃあ思いきってやってみよう！
でも、具体的にはどうしたらいいの？と思いましたか？
ではここからは順を追って、
ケンカの下ごしらえをしていきましょう。

「実になるケンカ」は、次の3つのラウンドに従って進みます。
1—「自分のきもちと向き合う」
2—「こころを整理する」
3—「わかりあうための伝え方を考える」

1st ラウンド

自分のきもちと向き合う

「許せない！」「泣きたくなった」「どーでもいいよ……」
私が感じているこのきもちは何なのかしら

自分の中に起こっている、このきもちは何なんだろう？
あのときのことをどう思う？　相手に対してはどう？
自分が感じているものをはっきりとらえることが、
解決の第一歩です。

2nd ラウンド

こころを整理する

「私は何に怒っているの？」

「本当に伝えたいのは、何なんだろう」

このきもちは何に対して感じるのだろう。言い方ややり方がいや？
話の内容が納得できない？　相手自体がキライ？
本当は、どうしたいと思っているの？　きもちをわかってほしいだけ？
あなたの要求、目的によって、ケンカは大きく形を変えます。

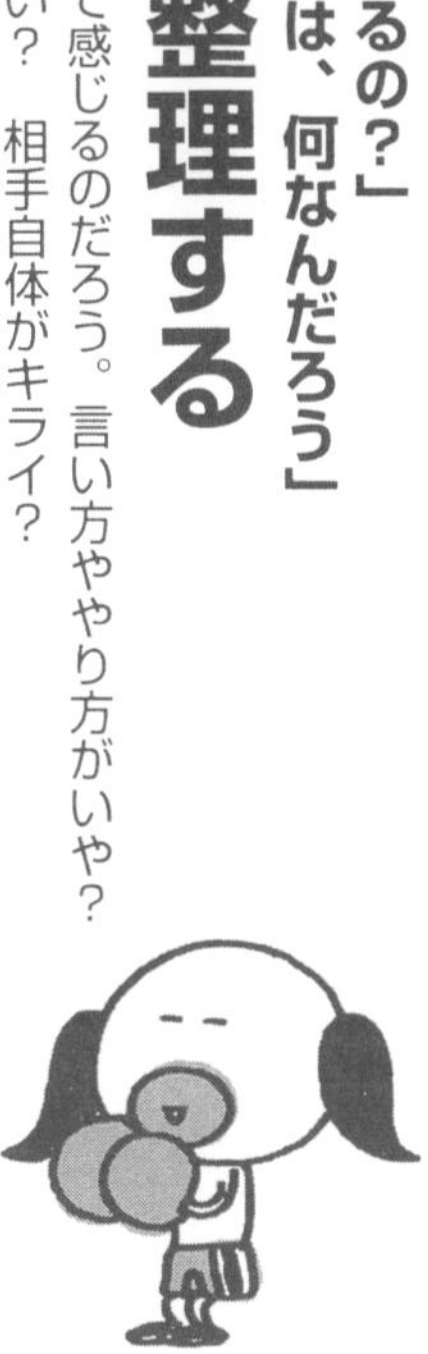

3rd ラウンド

わかりあうための伝え方を考える

「どう話せば一番こころが伝わるの？」
「相手は今どんなきもち？」

あなたが相手に望むこと、あなたが今感じていること。
それがわかったら、さあ、
どう伝えたら一番わかりあえるのかを考える番です。
わかりあいたい「大きな熱意」と、
ささやかな「技術」を持ってのぞみましょう。

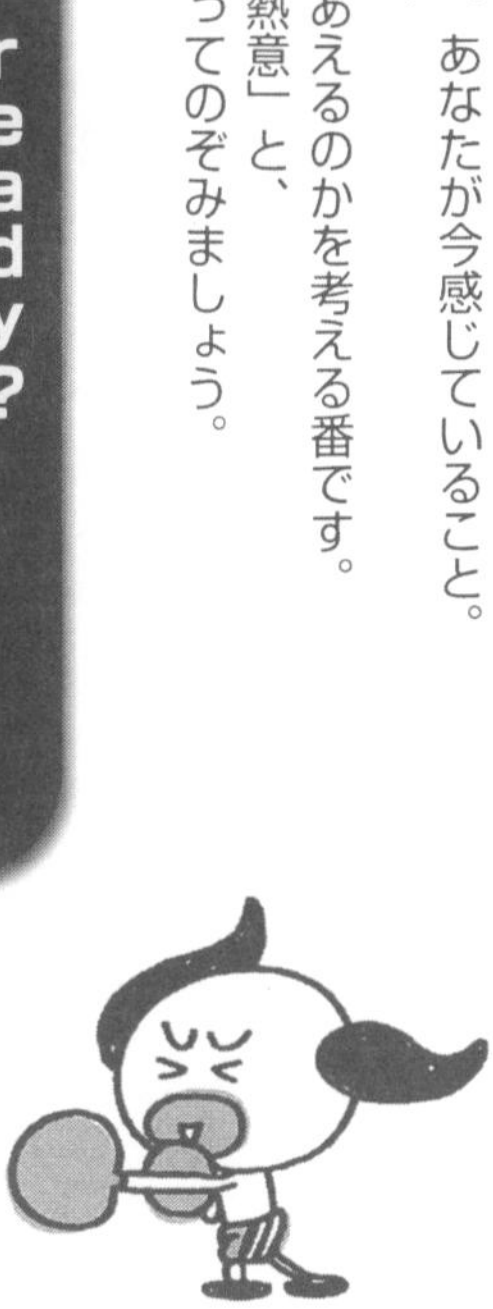

Are you ready?
では始めましょう!

自分のきもちと向き合う

**「何とかしたい!」とあなたに決意させた、その感情の正体はなんでしょう?

すべてを解いていく最初のカギはあなたのこころの中にあります。**

怒ってもいいんです!

腹が立つとき、怒りを感じるとき、あなたはどのように表現していますか?

カッとなってその場で言い返し、つい相手に過剰反応して攻撃的になってしまいますか。

または、その場では平静を装うけれど、後々何かの形で相手を攻撃して、仕返しするのでしょうか。

それとも「怒ったところでしかたがない」とあきらめてしまいますか?

私たちは、怒りは突然外からやってきて、私たちを襲うものと感じがちです。

ひとたび怒りに襲われると、瞬く間に自分の中に燃え広がってしまうので、自分ではどうにも制御できない、恐ろしいものだ、と思うかもしれません。そこで、なるべく怒りは感じないようにしよう、外に出さないようにしようとしてしまいがちです。

また、別のあなたは「私は怒ったりしない」と思っているでしょうか。確かに暴力をふるったり、大声を上げたりはしないので、あなたはそういう意味では攻撃的ではないかもしれません。

怒りを表すのは大人気ないと思うばかりに、実は自分が怒っていることに、自分自身でも気付かなくなっていることもあります。あなたも、その1人ではありませんか？

女が怒りを表現すると、「かわいげがない」「ヒステリーを起こしている」とレッテルをはられます。

また、男にとっても、怒りは暴力や脅しと結び付けられてしまいます。いずれにしても、率直に怒りを表現できるチャンスは、ほとんど誰にも与えられていないのが現実です。

でも、怒りをため込んでいると、ささいなことをきっかけにこれまでの怒りが爆発し、取り返しのつかない事態を起こしてしまうことがあります。

本当は、怒りは、「不正」や差別に立ち向かうための原動力、相手との関係をよくするための底力でもあります。もちろん怒ったからといって、いっぺんに何もかもが解決するわけではありませんが、「現状をもっとよく変えたい！」と、強く願うからこそ、人は怒るのです。その前向きなエネルギーこそ、すべての希望の源でもあります。ただ大事なのは、どう表現するか、ということだけ。

そして、自分の感情に、責任を持てるか。これだけです。

ここから先のプロセスでは、前向きで力強い怒りの側面と、否定的で人を傷つける側面との見分け方をお話しします。どうか怒りの持つ、輝かしいエネルギーを消さず、ケンカに取り組みましょう！

自分のきもちと向き合う
「怒り」の表現もいろいろあります

次のような態度も、遠まわしな怒りの表現です。覚えはありませんか？意識して時には無意識に、私たちは回りくどく怒りを表現しています。

喜んでいる人に
わざと相手の
気をそぐことをいう

解説
「その程度で喜べるなんていいわね」「別にたいしたものでもないじゃない」など。無意識を装って、相手を傷つけ意気消沈させようとする行為です。

大事だと
わかっているのに
遅れて行く

解説
相手をいらだたせ、場の調和や予定を崩そうとしています。自分の怒りに気付かない相手に対して、間接的に反抗したいきもちです。

解決する気ない
悩み相談エンドレス
忠告もまるで聞く気ナシ

解説
相手がたきつけられて怒り出す、気分を害すことを望んでいます。「私がつらいんだから、あなたもつらくなればいい」というきもちがあります。

聞こえなかったフリ
気付かなかったフリ
うっかりしたフリ

解説
相手を混乱させることが目的です。人々の不和の種をまいたり、相手にイヤなかんじを与えることで、自分のフラストレーションをはらそうとしています。

**「あれ？」と
思い当たることはありませんか？
これらもすべて
「怒り」の表現です。**

ここにあげたのはほんの一例で、目に見えてどなったりする以外にも、私たちは無数の形で、怒りを発しています。が、見えない形で怒りを表現すると、かえって居心地の悪さや罪悪感、自己嫌悪が尾を引いてしまいます。また逆に、こんな怒りに当てられたために、知らず知らずのうちに、イヤなかんじやがっかりした気分を味わうこともあるはずです。あなたが意気消沈したり、元気がなくなったり、他人の風評が心配になったり、落ち着かないきもちでウロウロしてしまうとき、そこには未消化な怒りがあります。その、押さえ込まれた怒りこそ、もっとも人を消耗させ、疲れさせる元凶なのです。

怒っている私への応急処置

あなたらしい対処を考えるために、
一度「おだやかな自分」に戻りましょう。
ここでは具体的な「冷静さへの近道」をご紹介します！

1 怒りに気付く

怒りを感じていると気づいたら、
すぐに否定したり無視しないで、
「怒っている」と認めます。

2 怒りのエネルギーを表出して、調整する

怒りは強いエネルギーなので、
感じたままに行動すると、
相手や自分自身を
傷つけることがあります。
まず、怒りのエネルギーを
安全に出せる時間や場所を、
なるべく早く自分にあげましょう。
トイレで泣く、タオルをねじる、
車の中で叫ぶ、座布団をたたく、
足を踏み鳴らすなど。
テンションを下げます。

3 言葉にして言う

自分が怒っているという事実を認め、
短い言葉で表現します。
「腹が立つ」「頭が真っ白」「バカにするな」
「まちがっている」など。
これは相手を脅したり、
自分が犠牲者だと見せつけるためではなく、
自分の怒りを引き受けるための表現です。
「怒り」の程度にちょうど合った
言葉を見つけて、言ってみましょう。
相手に聞かせる必要はありません。

4 からだで表現する

強い感情には、からだも反応して当然です。
涙がこぼれる、ほおが赤くなる、
からだが熱くなる、汗をかく、
心臓がどきどきする、震える、緊張するなど。
安全な場所でからだの表現を許しましょう。

このような手順を踏んでみると、思った以上に効果的です。怒りを認めるだけではなく、自分のきもちやからだを丸ごと認めてあげる、大きな「自分との出会い」があります。怒りを感じる相手やものごとに、果敢に取り組もうとする自分がいとおしく、パワフルに思えてくるでしょう。これが自分を「愛する」力強さです。このポジティブさこそ、事態を好転させるエネルギーなのです。パワフルさを感じたら、そのあとしばらく時間を取って、きもちが静まっていくのを感じましょう。

1stラウンド終了にあたって

きもちは落ち着きましたか？　少しいつものあなたに戻ったかな、と感じられたら、先へ進みましょう。

実になる
ケンカのしかた
2nd
ラウンド

こころを整理する

さて、ちょっと落ち着いたところで、一時の感情だけに惑わされず、こころが伝えたがっている一番の望みを探しましょう。
浮かんでくるのはどんなことですか？

自分の怒りの中身をながめてみましょう

「何に怒っているの？」

不正、愚行、無神経さ、うそ、まちがい、尊大な態度、
紋きり口調、怠惰、偏見、
決めつけ、言いなりになること、
ないがしろにされること、
他の人にひどいことをしていること……。
怒りをしっかり味わうことは、
怒りにとらわれることではなく、怒りを乗り越える一歩です。

「怒りと共にある感情はありますか？」

悲しみ、せつなさ、正義感、絶望、競争心、落ち込み……。
どのようなきもちも認められ、表現されることを望んでいます。

「あなたは、どうしたいの？」

「相手が……」ではなく「私は……」どうありたいかを、考えてみて。
何らかの努力をしてでも、
相手との関係をよくしたいのでしょうか。
それとも、もう終わらせたいと思っているのでしょうか。
本当の思いはなんですか。
必要と思うだけ充分な時間を取り、ちからをフルに注いで、
自分の「中心」に立ちましょう。
そして、こころの底から望む、自分の本音を見極めます。

2ndラウンド終了にあたって

私は何に「いやなかんじ」がしているのか、本当はどうしたいと思っているのか、口に出して伝えることはできそうですか？

わかりあうための伝え方を考える

あなたのきもち、あなたの希望、大事なことは出そろいました。

あとは「伝える」だけ。

要点は「わかりあいたい」こころを忘れないこと。

そのひとつだけです！

話し合うのに「勝つか負けるか」なんてありません ただ、まっすぐ向き合えばいいのです

自分のこころと向き合うことはできましたか？　では、まっすぐ相手と向き合う準備を始めましょう。

基本は、攻撃的な態度とはきちんと区別すること。

「自分のこころづもりができたから」といって一方的に始めるのでなく、相手に脅威にならないよう、相手にも心の準備をしてもらいます。相手にもこころづもりは必要なのですから。では、これから登場する工程を頭に入れながら、こころのエンジンをかけていきましょう！


最初に、「場所と時間」のコーディネートをします。ケンカが「勝ち負け」になるのは、そもそも相手の土俵に引き込まれたり、その逆をしたりする、場の取り合いが始まってしまうからです。そうしないためにフェアな場所と時間を取り決めて、スタートしましょう。何の話をしたいのかも一緒に伝えます。相手にも「予習」して事前に考えてもらうためです。

話は肯定的にはじめます。「わかりあうため」という目的を、必ずはっきり文言で伝えましょう。肯定的な話であると知

らせるだけで、お互いがリラックスして臨めるようになるはず。

次に、話題の大まかな経過を確認します。いつどういったことがあり、自分たちはどう言ったか、したかを話します。

話し合いに必要な情報は共有しましょう。この時「なぜそうなったか」という原因の分析、決め付けをしません。また、関連する出来事すべてを、一気に明らかにしようとせず、話の的を、具体的なひとつの出来事に絞ります。

次に感情を言葉で伝えます。相手はわかっているはず、という思い込みはすてましょう。自分の中に発見したきもち、相手への共感、相手のきもちを察するきもちなどを、「私が……と感じている」と伝えます。反省や後悔などがあれば、それも伝えます。

本題はここからです。相手が改善することができると思われる、具体的な行為をひとつ取り上げ、それについて相手にしてほしいことを伝えます。この話し合いを未来につなげていくためにも、相手にできないムリな要求や、山のような改善点、「過去の精算を迫る」など、実際にやりようのないことなどを提案しません。ここが「勝ち負けのバトル」にしないための、重要なポイントです。

相手の反応を受けとめます。どう感じているか、何を考えているか、ゆっくり相手の話を聞きましょう。相手の行動や態度にはそれなりの理由があるはずなので、尊重して聞きます。相手に自分を理解してほしいなら、相手のことも理解します。

最後のこころづもりとして「いい結果も悪い結果も、どちらもありうる」と思っておきましょう。要求が受け入れられ、話し合いの成果があって解決策が見つかる場合もあれば、お互いの見解が違いすぎ、提案が受け入れられず、解決の見通しが立たない場合もあるでしょう。どちらの成果についても、どう受け取るつもりでいるかを相手に伝えます。「その場しのぎ」や「脅し文句」を言うのはやめて、ここで言ったことは今後、そのとおりにします。


流れがイメージできたでしょうか？

では実際にはどんな言葉で言おうか、参考になる例をご紹介しておきます！

6つのこころづもり

わかりあうための伝え方を考える

☎ まず約束をしよう

話し合う時と場所を設定し、相手に了解をとりましょう。ふたりともが、落ち着いてゆっくりきもちを切り替えられる舞台を、探してみて下さい。

1 ポジティブに話そう

肯定的に始めましょう。この「話し合い」が、今後のよりよい関係づくりのためであること、これまでお互いがよくやってきたことを伝えます。

2 起こったこと、言ったこと、したことを話そう

事実を伝えましょう。あなたは、今どのように状況を把握しているのか、何が起こっているか、客観的に話し、思い込み、決めつけ、レッテルはりをしません。

例えば、こんな？ ヒントのことば

「話したいことがあるの。時間を取って」

「うちじゃなくて、外で話したい」


「今までよく一緒にやってくれたと思う。それでこれからのことだけど」

「このまま黙っているのは、お互いのためにならないと思う」


「絶対こう考えているでしょ」

「いつもいつもこうしてる」

「どうせまた……するに決まってる」

などと言うのは思い込み、決めつけ、レッテルはりです。

ケンカの舞台設定と

③ きもちを話そう

感情を伝えましょう。自分がどのように感じているかを率直に伝えます。感情は自分のもの。相手のせいにして責めません。

「なんでそういう目つきで私を見るの！」と暗に怒りを伝えるかわりに、「私が話しているときにじっと見られると、にらまれているようで怖いし、不愉快なの」とはっきりいいます。

④ 的をしぼって伝えよう

感情とは分けて、具体的な要望・提案・断りなどを伝えましょう。また、伝えるのは、現実的で、自分も相手も取り組めること、改められることにします。

「あれもこれも」と要求したり、「過去を返せ」「すぐに出て行け」などと言うのは、実になるケンカから外れます。現実的にすぐ行動に移せる範囲の提案を。

⑤ 相手の反応を受けとめよう

自分の言い分を伝えたら、相手の言い分にも耳を傾けましょう。すぐにその場で返事を迫ったり、自分が伝えただけで満足して話を打ち切りません。

相手の受けとめ方が予想とちがっても「そうじゃない」「ちゃんとわかっていない」「そんな答えは聞きたくない」などと非難するのではなく、「そう思ったんだ」といったん受け取ります。

⑥ 結果を伝える

この話し合いの結果を自分がどう受けとめるであろうか、それによって相手との関係はどうなるのか、感じたこと、思ったことをカンタンに触れます。

「受け入れてもらえるとうれしい・助かる」、あるいは「改めて話し合う」「第三者の仲介を頼む」「つき合いをやめる」など。成果のある場合もない場合もありえます。この後は言行を一致させ、脅し文句を使いません。

わかりあうための伝え方を考える
こころづもりを助けるレッスン「手紙に書いてみる」

相手に「言いたい」と思うことがいっぱいあるなら、話す前にまずは書き出してみませんか？ そこで初めてわかる矛盾や混乱もあるはず。それをもっとわかりやすくするのは、相手のため、なにより自分のために、もっとも効果的な方法です。

エイッ!! と勢いで書いちゃった手紙

ハト男へ

この前したケンカについて、
話したいことがあります。
もともと一緒に旅行に行こうって言って
ためていたお金なのに、
それで車を買いたいなんて、ハト男は勝手だよ。
ふたりでしていた約束は、どうなるの？
前だってそうだったじゃん。
いつもハト男の希望ばっかりで、わがままだよ！
車なんて、今だって持っているし、
何で急いで買わなくちゃいけないの？
私は絶対旅行に行きたい。
男なら約束を守って下さい。
あのお金には、私ががんばって
ためた貯金も入っているんだから、
ハト男だけが好きにお金を使うのは、
やっぱりずるいと思うのです。
ちゃんと説明してください。
今夜9時に家で待っています。

ハト子

相手に聞いているようで、暗に怒りをぶつけています
レッテルをはっていませんか？
前のことまで責めなくても……
決めつけです
決めつけ＆レッテルのWパンチ！
ゆずれないのでは、妥協＆代案が出せないですよね
思い込み（おどし？）です
お金の使い方は、客観的に相談できること。感情論になっていませんか？
何を話すのか、相手にはピンときません
自分の都合だけ？

読んでどんな印象を持ちましたか？

大変怒っているのはわかりますが、彼を勝手でわがままな、ずるい人だと決めつけてしまっています。また、約束を守らなければいけないのは、男も女も関係ないですよね？　車を買いたいと思うこと自体を禁止する権限は、たとえ好きな相手同士でもないはず。また、具体的に会って何を話そうとしているのでしょうか。手紙全体から「怒り」があふれていて、お手紙をもらった彼は、いくら「説明」してもムリだろう、と感じるでしょう。「実のない」ケンカになるのがわかっていて会うのは、お互いにつらいですね。

こころづもりして書いた手紙

書いてみて
どうでしたか？

一度、今感じているきもちを書き出し、それを読む相手の立場にそって整理することで、こころを落ち着け、より相手に伝わるようにきもちや要望を表現することができています。こうすることで、「怒り」の感情は力強くて前向きな「問題解決能力」として発揮されます。相手は「バトル」を避けて逃げる必要もなく、話し合いのテーブルに着くことができるでしょう。何よりもステキなのは、この話し合いで、ふたりがきっと2つとも目的を手にするだろう！と希望が持てること。明るいビジョンが見えてきたのではありませんか？

同じ手紙でも、
こんなに感じが
変わります

ハト男へ

この前したケンカについて、

話したいことがあります。

①私は、ハト男と旅行に行けるのを、

すごく楽しみにしていました。

だから、そのお金で車を買いたいのだと聞いたとき、

ハト男は同じきもちじゃなかったのかな、

と思ってすごく悲しかったです。②

私はやっぱり、一緒に旅行に行きたいです。③

でも、ハト男が車を買いたいっていうきもちなら、④

じゃあ予算をどうするか、

ちゃんとふたりで話さない？

一度に両方達成するのはムリだと思うから、

もう一度計画を練り直そうよ。⑤&⑥

もっと、ハト男が

どう考えているのかも、聞きたいし。

くわしいことは、今晩うちで⑦話したいと思います。

⑦9時ごろはどう？

ハト男の都合を聞かせて下さい。⑧

ハト子

こちらの印象はどうですか？

① 話を肯定的に始めています。「旅行を楽しみにしている」
② 否定的な感情を率直に伝えています。「すごく悲しかった」
③ 一番の希望を伝えています。「やっぱり旅行に行きたい」
④ 相手の要望を聞いていることを伝えています。
「車を買いたいっていうきもちなら」
⑤ 具体的な提案を伝えています。「予算をどうするか、計画を練り直そう」
⑥ この提案は自分も相手も取り組める内容です。
⑦ 日時の設定を伝えています。「うちで、今夜９時」
⑧ 相手にもこころづもりをしてもらっています。「どうですか・都合を聞かせて」

これで準備万端です。よし！そして……「いざ始まり!!」の前に、知っておいてほしいこと

「相手を思いどおりにすることが目的じゃない」

いくらまっすぐ向き合うしたくをして、そのとおりに実行しても、だからって相手が自分の思うとおりにわかってくれるとは限りません。

「ええ？　それじゃあ、何のためにこんな準備をしたの？」と疑問に思いましたか？

もちろん、あなた自身のちからをつけるために、です。自分が相手との関係を「率直に、誠実に、対等に、自己選択と責任を持って」つくろうとすること、そのチャレンジ自体が、すでに成果なのです。

そうして迎えた本番には、やるだけの準備をして落ち着いたあなた自身がいるはずです。結果より、その本番を迎えるまでに大きな意味があります。

「批判はよいプレゼントにもなる」

批判されるのは、誰しもいやなもの。言う方もつらいでしょう。批判は文句や非難、中傷などと混同されがちなので、みんな「こんなことを言ったら、相手を傷つけるのではないか」と恐れているのです。

でも、あなたが相手を決めつけるのでなく、自分のきもちや考えを伝えるならば、厳しい意見も相手へのよいプレゼントになるのです。もちろん相手には、批判を受け取るか受け取らないかの選択肢がありますし、あなたが十分注意を払い、「傷つけないように」話しても、そうできないこともあるでしょう。でも、傷つけようと意図するのと、結果的にそうなってしまうのはまったく別のことです。覚悟はして、でも恐れないで。

「決着が着くまで無制限バトルはしない」

こころづもりをしておいた「結果を伝える」ところまで進めたら、3rdラウンドは終了です。「思いどおり」にことが運ばなかったからといって、「よい結果」になるまで話し続けるのはやめましょう。そこから先は、今までと同じ「バトル」に移行してしまいがちです。潔く「今日のところはおしまいね。ここまで向き合ってくれてありがとう」とその場をたたみ、立ち去って終わらせましょう。たぶんもう、エネルギーも切れ気味のはず。今後の仕切りなおしは、また考えましょう。終わりが肝心です。

次回の「実になる」ケンカは、またはじめからスタートです。前回のケンカで感じたことは、どんなこと？　私の本音は変わらない、それともちがう？　相手に望むことは何？　前回と同じことですか、それとも変わりましたか。

さて、お気付きでしょうか。

最終的な「実になる」ケンカの極意。それは、主導権は、いつも自分が握っていること。自分が先手に立ち、計画し、あきらめず、ムリをせず、ケンカを持ちかけられるのは強みです。しかも、くりかえすたびに上手くなります。交渉力も養われるでしょう。最初は「大変」「面倒くさい」「なぜいつも私ばかりが苦労するの」と不満に思うかもしれませんが、大丈夫。努力しただけの能力を得るのも、結局あなたです。

3rdラウンド終了にあたって

心の準備はできましたか？
結果はともかく、相手と真剣に向き合おうとする、それだけであなたはOKなんです。そのことは忘れないで！
では、いってらっしゃい！

大好きな人と向き合おうともがく、勇敢なあなたへ

あなたは、これまで一生懸命になって、「相手とまっすぐ向き合う」努力をしてきたと思います。よりよい関係になれることを、願ってです。

でも、実際にはじめてみたら、思いがけなく「相手から一方的に攻撃されてしまう」こともあるかもしれませんよね。

相手から批判を受けたら、あなたはどうしますか?

とっさのときにどんな態度を取りがちか、自分のパターンを知っておきましょう。

●くってかかる……自分が悪いと絶対認めない。まちがいを認めない。相手に納得させる。しゃべり続けて相手を黙らせる。相手を脅す。

●言われるままになる……自分が悪い、だめと思い込み、落ち込む。逃げる、黙る。

●不公平だ、と感じて仕返しをする……表面上は平気なフリをするが、いやみや皮肉を言ったりして、間接的に相手を攻撃する。相手に悪いと思わせようとする。

でも、これではせっかくの「実になる」ケンカも、途中でおじゃんになりかねません。相手からの言いがかりや、非難に乗ってしまうと的がずれてしまいます。

そんな時は「それはちがう」とはっきり言葉で伝えましょう。相手の思い込みや決めつけは、受け取らなくてもいいのです。相手に立ち向かう勇敢さを、「傷ついたら撤退して自分を守る勇気」に変えて、使ってもいいのです。

たったひとりで乗り越えようとしないで下さい。

「ケンカの話なんて、人にするのは恥ずかしい」「聞いてもらうのは迷惑なはず」などと引っ込み思案にならないで。ケンカをするのは自分だけではありません。誰だって人とのトラブルは体験します。友人に準備を手伝ってもらうのもいいし、本番前に練習台になってもらうのも有効です。終わったあとに、話を聞いてもらうのも次への一歩です。あなたの精一杯の体験を、誰かとわかちあいましょう。そういうプロセスのひとつひとつが、より確実な「実になる」ケンカの仕方につながります。

だから、どうかたったひとりで悩まないで。

番外編

怒りと暴力、どうちがうの？

人が「怒り」を感じると、それが時として「暴力」というかたちで出てくる場合があります。このふたつが連動して出てくると、区別するのはちょっと難しいかも知れません。が、本質的に「怒り」と「暴力」はまったく別のものです。ここでは、これについて、少し詳しくお話したいと思います。

「怒り」は誰にでもある自然な感情です。危険を察知して怖いとき、不安なとき、わからなくなったとき、傷つけられたとき、安全を確保するため、誰もがどうにかしようと体を動かします。「怒り」は、困難を乗り越え、目標に向かって進み、持続して希望を持ち続け、忍耐強くあるためのエネルギーの源です。ところがその表現には、他の感情表現に比べ、性差がもっとも強く表れます。男は怒りを表に出して闘争本能に変えるよう、女は表に出さず、助けを求めるよう訓練されることが多いでしょう。そして、本来ストレートに発したかった「怒り」は周囲の目によって抑圧され、さまざまに変容してしまう傾向があります。

こうした際にもっとも心配なのは、正当に発揮されることのできなかった「怒り」が、内面に暗い気分として蓄積され、しだいに深い恨みや憎しみに変わっていく可能性があることです。こうして本来、生きるエネルギーとして活用されるはずだった「怒り」がその形をかえてしまったもの。それが「暴力」です。

「暴力」は、体に加える暴行だけでなく、言葉による精神的なダメージ、セクシュアルハラスメント、幼児虐待、ポルノ、DV、いじめなどのすべてを含みます。加害者は暴行と言葉の暴力で、相手を肉体的、精神的に無力にしますが、その動機は大概にして「精神的な飢え」です。人は精神的に餓えると、誰かをコントロールしてパワーを感じようとします。暴力は一瞬こころの飢えを満たしますが、持続しないため、くり返さずにはいられなくなるのです。

通常、標的は自分より力がなく立場の弱い相手で、「暴力」の理由は結局なんでもいいのです。「暴力」のこうした本質をはっきり表しているのが「幼児虐待」でしょう。加害者は「子供が悪い。しつけだ」と言いますが、事実は子供がもっともコントロールしやすいから、だけなのです。

暴力をふるってしまいやすい人は、もっと自分自身のきもちに耳を傾けてみて下さい。「どうしてこんなに満たされない思いを抱えているのだろう」「私が本当にほしいものは何だろう」と問いかけることです。おそらく、こころの底には「恐れ」「不安」「悲しみ」「理解されなさ」と、「もっと大切に尊重され、仲間に入れてほしい」という願いがあります。「心の飢えをしのぐために、暴力をくり返すのはやめたい」と望みましょう。そして「助けて」と訴え、苦しみを聞いてもらう仲間や専門家を求めましょう。

また「暴力を受けてもやむをえない」わけなど、決してありません。たとえ自分が失敗し、まちがったのだとしてもです。相手にあやまったり、気に入られて逃れようとしても、根本的な問題解決にはなりません。相手が暴力をふるうきもちを察して許したり、ましてや「愛情」などと受け止めると、相手の暴力を助長します。むしろ「相手の暴力は私のせいではない」と、はっきり自覚することが解決の糸口になります。

もし今あなたが「暴力」を受けていたら、まず相手から逃げて暴力をふるうチャンスを断ちましょう。そして、相手の取るべき責任や課題を、相手に返します。相手の心の飢えを、誰かが代わって満たすことは、決してできません。「暴力」に対処するには、相手と自分の間にはっきりした境界線を引くことが大切です。最初のはっと感じた不快感こそ「境界線を越えられている。自分を守りなさい」という警告です。侵害を受けたときに感じる自分の怒りを、大切にして下さい。「暴力」を受けたら、私たちはもう「相手と話し合う、わかりあう」必要などありません。速やかに関係性を絶ち、逃げることが第一です。

アサーティブネスへ ようこそ

この本で紹介した、相手も自分も大切にするコミュニケーションのヒントは、「アサーティブネストレーニング」の考え方を基本にしています。

「アサーティブネス」とは、相手の権利を侵害することなく、自分の意見やきもちを、率直に、対等に、誠実に、選択と責任を持って表す態度を示した言葉です。人とのよい関係を築くすべての基本は、愛情深く「私が好き」と思えるきもちと、自己尊重に立った考えを持つことであり、相手を大切にするには、まず自分を大切に受け入れること。「アサーティブネス」では「基本的人権」にのっとった「12の権利」を基礎に、自分への信頼や相手への理解を培います。本章で述べた「きもちをつなぐヒント」も、この「12の権利」とつながっています。

アサーティブネストレーニングでは、「自分からできること・変えられること」を選んで、実際に行動や態度で表現し、現実的にリーダーシップを取って、関係をよりよくすることを目指します。そのためには、相手が気付いて何かをしてくれることや、事が起こるのを待ちません。

「自分からできること」には、たとえば次のようなことがあります。

自分を大切にするために、必要があれば生活スタイルを変えます。小さな冒険を始めます。今の時間の使い方を再検討して、自分のしたいことや大切なことに、多くの時間を取るよう調整します。このとき相手をないがしろにしないように配慮します。

また相手にやさしくしてもらいます。誰かが気づいてやさしくしてくれるのを待ちません。どのような助けやねぎらい、思いやりがほしいか、何をしてほしいかの要求を、自分から「～してほしい」と伝えます。

最初相手は驚くかもしれませんし、要求を受け入れるとは限りません。でも、次第にお互いにやさしくすることや、思いやりをちゃんと態度で示すことに喜びを見つけるようになるでしょう。また、すぐに聞き入れられなくても、相手を攻撃するのでなく、やさしくすることの心地よさを、あきらめずに伝えていきましょう。

誰の協力を得ずとも、自分で自分にやさしくする方法や、自分を喜ばせるアイテムを見付けましょう。そして、目標を達成したとき、難しいことに挑戦したとき（失敗しても成功しても）、悲しいことがあったとき、不安でどきどきしたときに、それを自分にプレゼントしてあげるのです。楽しい空想も自分を喜ばせるでしょう。体を休めてただ静かにすごすことも、こころを健康にします。

また、自分について語るときの言い方を変えます。自分を見下すような言い方をやめましょう。「私はだめだから」「たいしたことじゃないけど」「絶対無理なんだけど」などという言葉が口をついて出てきたときには、これを止めます。相手を気にするばかりに自分を低く見せるのをやめ、もっとポジティブに、自分のよさやちからを表現する方法を取り入れます。態度や言葉で自信を表現していきましょう。

「アサーティブネストレーニング」は、各地で講座が開かれています。当初は「女性のための」講座がほとんどでした。しかし今では、「対等なコミュニケーションのとり方を学ぶのは、女も男も大事なこと」という認識が広がり、「男女共同参画」企画として開催されるようになりました。また男性のみの講座ももたれています。女と男を性差で分け、それぞれに特別の役割を付加しようとする「ジェンダー」が見直され、男が男ゆえに苦しんできた現実に、男性たち自身が目を向け始めました。女と男の自由な関係性をつくるため、「アサーティブネス」の考えと技術は今後、ますます必要とされることでしょう。

参考文献リスト

「自分を好きになる本」パット・パルマー……径書房
「第四の生き方」　アン・ディクソン……つげ書房新社
「大事なことを思いどおりに伝える会話術」　アン・ディクソン……角川書店
「ミラー・ウィズイン」女性が本当の自分に出会うために　アン・ディクソン……新水社
「自己カウンセリングとアサーションのすすめ」　平木典子……金子書房
「メグさんの性教育読本」　メグ・ヒックリング……ビデオドック
「メグさんの女の子・男の子　からがBOOK」　メグ・ヒックリング……築地書館
「からだと感じよう」丸本百合子……クレヨンハウス

おわりに　―改訂に寄せて―

この度、「おんなごころ　おとこごころ　おんなとおとこのこころをつなぐ12章」の新装改訂版が出版されることになり、感慨もひとしおです。初版の出版に先立つこと3年、２００１年4月にＤＶ防止法が制定されました。ようやく社会の意識がジェンダー問題に焦点づけられ、以来、女と男を性差で分け、それぞれに特別の役割を付加する習慣は、確実に、見直されてきました。コントロールする・される関係から対等な関係へ。人びとが願ってきたことが、解決されようと動き出しています。

ＤＶや虐待の被害に遭うとき、もっとも傷つくのは自己尊重のきもちです。被害からの回復は、自己尊重の回復プロセスと重なります。

「自己尊重」を中心に据えるアサーティブネスは、今こそ、役立つ考え方と方法といえるでしょう。人それぞれが、自分の色合いを活かして生きること、まさに「女と男じゃなくて 私とあなたで話そう」という呼びかけがピッタリの今日です。

相手との関係を改善しようとするときには、「希望への意志」が働きます。スタートラインは、自分の本音です。これから、相手との関係をどうしたいのでしょう、本当に伝えたいことは何でしょう。
巻末ふろく「大好きな人と、正々堂々と向き合いたいからこそ、学ぼう！『実になるケンカのしかた』3ラウンド」は、前に進むためのステップです。

16年前と比べ、SNSが日常に浸透しました。発信する前に、「きもちを言葉に」「意見や要望は一度にひとつ」「具体的に、相手のきもちや意見を聞く」「勝ち負けになる前に一度うち切る」という、「私メッセージ」の要点を心に留めると、無為な攻撃を避け、伝えやすさを増し、安全な境界線を設定することができます。

アサーティブネスには、双方向のコミュニケーションの方法が、具体的に提案されています。日常の会話に、いくつかのアイテムを取り入れて、互いを尊重する「おしゃべり」を楽しみましょう。

２０２０年、新たなことが起こっています。待っていました！ と、すっくと立ち上がり、出会いを楽しみ、尊厳をもってお互いを想いあいましょう。

２０２０年6月吉日　　岩井美代子

改訂版装丁　大場君人
初版本文デザイン　谷口純平
改訂版編集　青柳有紀、田中悠香（ワニブックス）

※本書は、2004年発行『おんなごころ おとこごころ　おんなとおとこをつなぐ12章』の新装改訂版です。

女と男じゃなくて 私とあなたで話そう

岩井美代子
ふじわらかずえ

2020年6月30日　初版発行

発行者　横内正昭
発行所　株式会社ワニブックス
〒150-8482
東京都渋谷区恵比寿4-4-9　えびす大黒ビル
電話　03-5449-2711（代表）
03-5449-2716（編集部）
ワニブックスHP　http://www.wani.co.jp/
WANI BOOKOUT　http://www.wanibookout.com/

印刷所　凸版印刷株式会社
DTP　株式会社明昌堂
製本所　ナショナル製本

ISBN 978-4-8470-9934-2